Stephan Pete[illegible]

Glücksorte im Elsass

Fahr hin & werd glücklich

Dieses

Glücksbuch

ist für

Liebe Glücksuchende,

Deutsch, Französisch, Deutsch, Französisch, Deutsch, Französisch. Europäisch? Das Elsass blickt auf eine bewegte, wechselhafte Geschichte zurück, ein Leben zwischen zwei Kulturen. Sowohl französische als auch deutsche Spuren und Einflüsse sind allgegenwärtig. Gerade dieser Background macht die Region zwischen Vogesen und Rhein so besonders. Hier gibt es jede Menge Glücksorte zu entdecken: die Vogesen mit ihren unzähligen Burgruinen und traumhaften Wanderwegen, die kleinen und größeren Ortschaften mit ihren malerischen Fachwerkhäusern, die wunderschönen, abwechslungsreichen Städte Strasbourg und Colmar, Mulhouse mit seinen spannenden technischen Museen, exzellente Restaurants mit lokaler elsässischer oder moderner, französischer Küche und vieles, vieles mehr. Glück ist natürlich immer subjektiv. Ich hoffe aber, dass die Auswahl die Besonderheiten und den Charakter des Elsass widerspiegelt und Ihnen, liebe Leser, Lust auf das Entdecken dieser wunderbaren Region macht.

Viel Spaß auf Ihrer Glücksreise durch das Elsass

wünscht Ihnen Stephan Petersen

Deine Glücksorte ...

... noch mehr Glück für dich

Das lebendige Museumsdorf

1 Écomusée d'Alsace

Gesellschaften und Kulturen befinden sich – mal langsamer und mal schneller – immerfort im Wandel. So auch im Elsass. Im ganzen Elsass? Nein, ein von unbeugsamen Elsässern bevölkertes Dorf hört nicht auf, auf traditionelle Weise zu leben. Dieses Dorf liegt bei Ungersheim und ist eines der größten Freilichtmuseen Frankreichs. Auf einer rund 100 Hektar großen Fläche beherbergt das Écomusée d'Alsace über 70 Gebäude des 16. bis 19. Jahrhunderts (und einen mittelalterlichen Wohnturm mit Kräutergarten). Hierbei handelt es sich um Bauwerke, die zuvor woanders im Elsass standen und vor der Zerstörung bewahrt wurden. Auf Initiative des Museumsgründers Marc Grodwohl konnte das Écomusée die Gebäude erhalten und wiederaufbauen.
Auf diese Weise ist ein Dorf entstanden, in dem die Besucher das ursprüngliche ländliche Elsass erleben können. Bei den meisten Gebäuden handelt es sich um Fachwerkhäuser. Darunter sind sowohl einfache Häuser als auch imposante Bauernhöfe und Kaufmannshäuser. Nahezu jedes Haus ist begehbar und authentisch im damaligen Stil eingerichtet. Dazu gibt es Erklärungen über die Geschichte des Gebäudes und seinen ursprünglichen Standort.
Den Reiz an einem Besuch im Écomusée macht vor allem die Vitalität des Museums aus. Störche ziehen über dem Dorf ihre Kreise. Schweine und Hühner laufen über den zentralen Dorfplatz. Dorfbewohner beziehungsweise ehrenamtliche Darsteller gehen ihrem Tagwerk nach und erlauben einen Einblick in den damaligen Alltag. Es ist spannend, den Dorfbewohnern in der Schmiede, der Schnapsbrennerei (mit Verkostung), der Töpferei, der Küche oder auf dem Bauernhof bei der Arbeit über die Schulter zu schauen. Man sollte sich nicht scheuen, die Museumsmitarbeiter auch einfach einmal auf Deutsch anzusprechen. Die meisten von ihnen sind ältere Elsässer, die sehr gut Deutsch sprechen und gerne auf individuelle Fragen eingehen.

- Écomusée d'Alsace, Chemin du Grosswald, 68190 Ungersheim, Tel. +33 3/89 74 44 74, ecomusee.alsace/de
- ÖPNV: Gare de Bollwiller, 30 Minuten Fußweg

Wer von mir böses spricht
betrete meine Wohnung nicht
denn jeder hat in seinem Leben
auf sich selber acht zu geben.

Tradition trifft Moderne

2 Restaurant Kirmann

Bei einer Fahrt durch den kleinen Ort Epfig fällt sofort das Restaurant Kirmann ins Auge. Ein riesiges rot bemaltes Fachwerkhaus, dessen Fenster und Balkone mit Blumen bunt geschmückt sind. Wie es wohl drinnen aussieht? Faszinierend! Nach dem Aufstieg ins Obergeschoss betritt man einen großen mit einem Glasdach überdeckten Innenhof. Hier verbinden sich Tradition und Moderne in harmonischer Atmosphäre. Fachwerk, viel Holz, aber auch zeitgenössische Bilder, Kronleuchter und Skulpturen treffen aufeinander. Die Mischung funktioniert. Das Ambiente wirkt sehr einladend. Nicht ganz ohne Zufall dominieren bei den modernen Einrichtungsgegenständen die elsässischen Farben Rot und Weiß.

An Sonntagen sitzen an den Nebentischen zahlreiche Einheimische. Ein Restaurantbesuch am Wochenende hat eben in Frankreich und auch im Elsass Tradition. Das Publikum ist bunt gemischt. Ältere Paare, junge Erwachsene, Familien mit kleineren Kindern und Gruppen mit mehreren Generationen. Praktisch: In einem Vorraum können sich Klein und Groß an einer Tischtennisplatte oder einem Kickertisch vergnügen.

Ein schönes Ambiente ist wichtig, aber wie ist es um das Angebot und die Qualität des Essens im Restaurant Kirmann bestellt? Die Auswahl ist groß. Hier sollte jeder Geschmack etwas finden. Es gibt traditionelle elsässische Gerichte, aber auch Burger oder vegetarische Speisen. Für Interessierte der lokalen Esskultur empfiehlt sich beispielsweise das schmackhafte Choucroute garnie, mildes Sauerkraut mit verschiedenen Würsten, gepökelten Fleischstücken und Kartoffeln. Oder aber das rustikale Baeckeoffe, ein Gericht mit verschiedenen Fleisch- und Gemüsesorten, das früher aus den Essensresten vom Wochenende zubereitet wurde. Heute kommen im Restaurant Kirmann natürlich nur frische Zutaten in den Baeckeoffe-Eintopf. Zu solch einem leckeren Essen passt hervorragend ein Riesling. Dieser sowie weitere Angebote der Weinkarte stammen aus dem nahe gelegenen hauseigenen Weingut, der Domaine Kirmann.

- Restaurant Kirmann, 6 Rue des Alliées, 67680 Epfig, Tel. +33 3/88 85 51 17 kirmann.com
- ÖPNV: Gare de Epfig, 15 Minuten Fußweg

Ich packe meinen Koffer ...

3

Musée du Bagage

Reisen. Mit Reisen verbinden Menschen Freiheit, Inspiration, Auszeit, Veränderung, Lebensfreude, kurzum: Glück. Ein Teil dieses Glücks lässt sich im Musée du Bagage in Haguenau (Hagenau) greifen. Das in einer Villa aus dem 19. Jahrhundert untergebrachte Museum beherbergt Hunderte restaurierte Koffer und Gepäckstücke aus dem 17. Jahrhundert bis in die heutige Zeit, in dieser Form einzigartig in Europa.
Das Reisen war lange Zeit ein Privileg des Adels und der Großbourgeoisie, also von Menschen, die einen gewissen Luxus gewöhnt waren und darauf auch unterwegs nicht verzichten wollten. Dementsprechend riesig und sperrig wirken die aus Holz, Messing und Leder geschaffenen Kunstwerke. Koffer für Wäsche, Hüte, Schuhe, Kleider, Schmuck. Wenn eine Familie in der Belle Époque auf Reisen ging, war das immer auch ein kleiner Umzug. Schließlich brauchte man für jede Gelegenheit die passende Kleidung, oftmals auch mehrmals am Tag. Im Musée du Bagage lassen sich unzählige faszinierende Einzelstücke bestaunen. Darunter etwa ein bemerkenswert umfangreich ausgestatteter Picknickkoffer aus der Mitte des 19. Jahrhunderts, ein mit Schubladen ausgestattetes, kühlschrankgroßes Monstrum für 30 Damenschuhe oder auch ein mit einer Matratze bestücktes Kofferbett für anspruchsvolle Entdecker. Halb fasziniert, halb amüsiert nimmt man als heutiger Betrachter die damalige Art des Reisens wahr. Diese wandelt sich. Schließlich erreicht das Reisen auch die Mittelschicht, stehen im 20. Jahrhundert mit Auto und Flugzeug neue Transportmittel zur Verfügung.
Der Gang durch das Museum beflügelt die Fantasie. Was haben diese stummen Zeugen wohl alles gesehen? Beim Betrachten der imposanten, antiken Gepäckstücke denkt man unweigerlich an Abenteuer und Krimi, an Agatha Christie und Sherlock Holmes. Und tatsächlich befindet sich in der Sammlung ein Utensil von Sir Arthur Conan Doyle. Ein mit Schreibmaschine und Tintenfass ausgestattetes, tragbares Büro, ein Meisterwerk des Koffermacher-Handwerks.

TIPP

Aufgrund des begrenzten Platzangebots wechseln die Ausstellungsgegenstände regelmäßig.

● Musée du Bagage, 5 Rue Saint-Georges, 67500 Haguenau, Tel. +33 3/88 63 44 43
museedubagage.com
● ÖPNV: Gare de Haguenau

S.F
HAUT
MALLE-COURRIER PLATE
FLACHER REISEKOFFER
LOUIS VUITTON
(FRANCE/FRANKREICH)

Umkämpftes „Mittelerde“

4 Der Hartmannswillerkopf

Ist man hier im Film „Der Herr der Ringe“ gelandet? Ringsherum in der hügeligen Landschaft befinden sich kleine Erdhäuser mit grünen Dächern und Schornsteinen. Die Szenerie erinnert sehr an das berühmte Fantasy-Epos. Tatsächlich handelt es sich allerdings um ein ehemaliges Schlachtfeld. Im Ersten Weltkrieg standen sich auf dem Hartmannswillerkopf (Vieil Armand) deutsche und französische Soldaten gegenüber, teilweise nur wenige Hundert Meter entfernt.

Wie kann das ein Glücksort sein? Die grüne Landschaft erinnert heute mehr an das Auenland aus Tolkiens Fantasywelt als an das Schlachtfeld von damals. Die begrünten Bunker und Unterstände mit ihren Verbindungswegen laden zum Erkunden und Wandern ein. Hobbits laufen einem dabei vermutlich nicht über den Weg. Dafür allerdings immer mal wieder Ausflügler aus Frankreich und Deutschland. Der Hartmannswillerkopf ist heute zu einem Ort der Versöhnung und der Begegnung geworden. Zahlreiche Franzosen und Deutsche sowie Schweizer besuchen den Hartmannswillerkopf mit seinem angrenzenden Friedhof. Oberhalb einer Krypta hat man einen herrlichen Ausblick auf die Rheinebene – bei gutem Wetter bis ins knapp 50 Kilometer südöstlich gelegene Basel mit seinen weithin sichtbaren Roche-Türmen.

Wer sich für Geschichte interessiert, der sollte einen Abstecher in das ebenfalls auf dem Gelände gelegene moderne Museum machen. Das wurde am 10. November 2017 von Staatspräsident Emmanuel Macron und Bundespräsident Frank-Walter Steinmeier eröffnet. Das Museum widmet sich den Gefechten auf dem Hartmannswillerkopf zwischen 1914 und 1918 und den Menschen in den Uniformen. Ein Ausstellungsraum blickt hingegen nicht nur in die Vergangenheit, sondern auch in die Gegenwart und Zukunft. Genauer gesagt: die deutsch-französische Freundschaft, die ein Glücksfall für Europa und den Frieden auf unserem Kontinent ist.

- Hartmannswillerkopf/Vieil Armand, Silberloch-Pass/Col du Silberloch, 68700 Wattwiller, Tel. +33 9 71 00 88 77, memorial-hwk.eu
- ÖPNV: Bus Navette des Crêtes von Cernay (1. Juli bis 31. August)

Snack bei Tante Emma

5

L'Épicerie

Nach einer ausgiebigen Erkundung der Grande Île de Strasbourg, der Altstadt Straßburgs, wird es irgendwann einmal Zeit für eine kleine Pause. Eine gute Adresse hierfür ist das L'Épicerie. Das kleine Restaurant befindet sich nicht allzu weit vom Straßburger Münster entfernt in einer ruhigen Seitengasse. Der erste Eindruck täuscht bekanntlich. So auch hier. Der Außenbereich wirkt verbraucht, wie aus der Zeit gefallen. Doch genau das ist so beabsichtigt. Das L'Épicerie kommt im Gewand eines Tante-Emma-Ladens aus den Vierziger-/Fünfzigerjahren des letzten Jahrhunderts daher. Eine alte Waage, eine Milchkanne, Werbeschilder an den Wänden, originale Kartons und Verpackungen damaliger Produkte in den Holzregalen, Kaffeemühlen, Transistorradio, dank der nostalgischen Inneneinrichtung fühlt man sich im L'Épicerie wie auf einer Zeitreise. Gemütlich und urig sind daher die treffenderen Worte, um die Atmosphäre dieses kleinen sympathischen Restaurants zu beschreiben.

Das L'Épicerie ist ideal für einen kleinen Imbiss. Schließlich sind die Spezialität des Hauses Tartines, belegte Brote. Bei der Auswahl des Belags für die großen, knusprigen, frischen Brotscheiben sollte für jeden etwas dabei sei. Sehr empfehlenswert ist die Kombination aus Hummus, Koriander, Paprika und Kapern. Wer Lust auf Fleisch hat, sollte das leckere Brot mit zarten Roastbeefscheiben probieren. Dazu serviert das L'Épicerie Suppen und Salate zu sehr moderaten Preisen. Wer ein wenig für sich sein möchte, genießt das köstliche Essen in Ruhe an einem der kleineren Holztische. Die Alternative: sich an der großen Tafel zu unbekannten Menschen setzen. Dabei wird man feststellen, dass man in der lockeren, toleranten Atmosphäre des L'Épicerie sehr schnell ins Gespräch kommt, sowohl mit Einheimischen als auch mit Touristen, die sich in die Seitengasse verirrt haben und sich nun über ihren vermeintlichen Irrtum freuen.

● L'Épicerie, 6 rue du Vieux Seigle, 67000 Strasbourg, Tel. +33 3/88 32 52 41
● ÖPNV: Haltestelle Langstross/Grand Rue oder Haltestelle Saint Thomas Finkwiller

BOUILLON
KUB

Alles unter einem Dach

6 Musée Unterlinden

Während der Französischen Revolution gingen kirchliche Güter in den staatlichen Besitz über. So auch das im 13. Jahrhundert erbaute Dominikanerinnenkloster Unterlinden in Colmar. Die Nonnen wurden vertrieben, das Kloster teilweise abgerissen. Glücklicherweise konnte 1847 der Colmarer Archivar Louis Hugot die weitere Zerstörung verhindern und die Umwandlung des ehemaligen Klosters in ein Museum umsetzen. Heute gehört das Musée Unterlinden (Unterlinden-Museum) zu den bedeutendsten Kunstmuseen in Frankreich. Die Sammlung ist äußert vielfältig und reicht vom Neolithikum bis zur Gegenwart. Das Musée Unterlinden vereint keltischen Goldschmuck und Gemälde von Pablo Picasso unter einem Dach.

Besonders sehenswert sind im Erdgeschoss die beeindruckenden Gemälde und Skulpturen aus dem Spätmittelalter und der Renaissance. Darunter befinden sich Werke von bedeutenden deutschen Künstlern wie Martin Schongauer und Lucas Cranach dem Älteren. Besonders schön ist hier im Erdgeschoss die Möglichkeit, aus nahezu jedem Raum den Kreuzgang mit seinem überdachten, gewölbten Bogengang zu betreten. Einfach das Gesehene sacken lassen, reflektieren und den schönen grünen Innenhof genießen! Danach kann die Kunstreise weitergehen. Star des Unterlinden-Museums ist der in den Jahren 1512 bis 1516 erschaffene Isenheimer Altar. Das farbgewaltige, ausdrucksstarke Meisterwerk von Matthias Grünewald sollten Besucher auf keinen Fall verpassen.

Ein Geheimtipp sind im Obergeschoss die Bilder elsässischer Künstler, die unter anderem Szenen des Alltags und Bauwerke der Region im 18. und 19. Jahrhundert zeigen. Man glaubt fast die mahnenden Worte der Frau und das Lachen des Pfeife rauchenden Mannes im Bild „Elsässisches Paar" zu hören. Insbesondere wer das Elsass schon ein wenig bereist hat, sieht die Bilder von Burgruinen und anderen historischen Orten mit anderen Augen. Automatisch gleicht man die gezeigten Szenen mit der heutigen Wirklichkeit ab und erlebt so manche Wiedererkennungseffekte.

- Musée Unterlinden, 1 Rue des Unterlinden, 68000 Colmar, Tel. +33 3/89 20 15 50 musee-unterlinden.com/de
- ÖPNV: Haltestelle Théâtre Colmar, 3 Minuten Fußweg

Besinnung im Oktogon

7

Église Saint-Pierre-et-Saint-Paul d'Ottmarsheim

Es gibt im Elsass zahlreiche märchenhafte Weihnachtsmärke. Der Christkindelsmärik in Strasbourg ist der älteste und größte. Auch der Weihnachtsmarkt in Colmar zieht zahlreiche Besucher von nah und fern an. Allerdings sind die buntesten und lautesten nicht immer die sinnlichsten. Gerade in letzterer Kategorie gibt es kleinere, sehr stimmungsvolle Weihnachtsmärkte. So wie in der 2000-Einwohner-Gemeinde Ottmarsheim.

Der Weihnachtsmarkt von Ottmarsheim findet jedes zweite Jahr an einem Dezember-Wochenende auf dem zentralen Platz zwischen Rathaus und Abteikirche statt. In den weihnachtlich dekorierten Holzbuden verkaufen regionale Organisationen und Museen saisonale Leckereien. So kann man sich etwa mit wohlschmeckenden Schupfnudeln und Sauerkraut stärken. Bei eisigen Temperaturen wärmen ein Glühwein oder eine heiße Schokolade wieder auf. Kinder freuen sich über die Tiere oder eine Fahrt mit der Kutsche. Wer etwas Ruhe möchte, der zieht sich in den festlich beleuchteten Park hinter dem Platz zurück.

TIPP
Es gibt ganzjährig Führungen mit Schauspielern in historischen Kostümen.

Ein Highlight des Weihnachtsmarkts von Ottmarsheim ist die Abteikirche St. Peter und Paul (Église Saint-Pierre-et-Saint-Paul). Ihr Zentralbau in Form eines Oktogons hat in der unter Karl dem Großen erbauten Aachener Pfalzkapelle sein Vorbild. Allerdings ist die Abteikirche von Ottmarsheim deutlich kleiner und schlichter. Gerade diese Einfachheit macht den Charme der Kirche aus. Wer den Innenraum durch die kleine dunkle Vorhalle betreten hat, richtet automatisch sofort den Kopf nach oben und den Blick auf das kuppelüberwölbte Oktogon sowie die Arkaden mit ihren Doppelsäulen. Man kann gar nicht anders: Der Raum zieht den Besucher mit seiner Mischung aus atmosphärischer Lichtführung, ästhetischer Schlichtheit und der Vollkommenheit der Proportionen in seinen Bann. Während des Weihnachtsmarkts finden hier Konzerte für die Besucher statt. Eine Visite lohnt sich jedoch auch zu jeder anderen Jahreszeit. Selbst nicht religiöse Menschen finden hier einen beeindruckenden Ort der Ruhe und Besinnlichkeit.

- Église Saint-Pierre-et-Saint-Paul d'Ottmarsheim, 1 Rue du Couvent, 68490 Ottmarsheim, Tel. +33 3/89 26 27 57
ottmarsheim.fr/visiter-l-abbatiale
- ÖPNV: Haltestelle Mairie Ottmarsheim

Fahrt im Orient-Express

8

Eisenbahnmuseum Cité du Train in Mulhouse

Dampflokomotiven, glanzvolle Waggons, luxuriöse Schlafwagen und bestens ausgestattete Speisewagen. Bei dieser Auflistung kommt einem doch sofort Agatha Christies Roman „Mord im Orient-Express" in den Sinn. Wer die riesige Ausstellungshalle des Eisenbahnmuseums Cité du Train betritt, fühlt sich prompt in einen ihrer Krimis versetzt. Zahlreiche dampfgetriebene Stahlkolosse stehen dort mitsamt ihren Waggons auf den Gleisen – und wirken, als würden sie jeden Moment in Richtung Istanbul aufbrechen.

Unter den ausgestellten Zügen befinden sich prunkvolle wie der von Kaiser Napoleon III., aber auch reine „Arbeitstiere", Militärmaschinen oder klassische Reisezüge. Einige der Züge dürfen Besucher sogar betreten, andere lassen sich über begehbare Gerüste ganz genau in Augenschein nehmen. Ein Highlight ist sicherlich die audiovisuelle Gestaltung in der ersten von zwei Ausstellungshallen. Atmosphärische Geräusche, Licht- und Soundeffekte machen den Rundgang zu einer Zeitreise durch die französische Eisenbahngeschichte – mit dem Ferienzug an den Atlantik oder mit einer alten Metro, in der das Licht authentisch flackert, durch das Paris vergangener Jahrzehnte. Ein Tipp: Einfach einmal auf einer der Bänke Platz nehmen, die Augen schließen und in die Szene eintauchen.

TIPP

Im Winter warm anziehen, da es in der zweiten Ausstellungshalle sehr kalt sein kann.

In der zweiten Ausstellungshalle warten weitere Dampflokomotiven und moderne Züge. Unter anderem befindet sich der offizielle Zug von General de Gaulle unter den Exponaten. Neben den Dauerausstellungen bietet das Museum regelmäßig Veranstaltungen. Ganz besonders beliebt: die sogenannte Murder Party. Im Stil klassischer Agatha-Christie-Storys schlüpften Besucher in die Rolle des Ermittlers und lösen zusammen mit anderen Teilnehmern einen Kriminalfall. Oder wie Meisterdetektiv Hercule Poirot sagen würde: „Lassen Sie die kleinen grauen Zellen arbeiten."

- Eisenbahnmuseum Mülhausen/Cité du Train, 2 Rue Alfred de Glehn, 68200 Mulhouse, Tel. +33 3/89 42 83 33, citedutrain.com
- ÖPNV: Haltestelle Musées

4068

Nicht nur für kleine Prinzen

9

Parc du Petit Prince

„Alle großen Leute waren einmal Kinder, aber nur wenige erinnern sich daran", heißt es im Märchen „Der kleine Prinz" des französischen Autors Antoine de Saint-Exupéry. Wer seine Erinnerungen auffrischen oder einfach nur eine schöne Zeit – eventuell zusammen mit seinen Kindern – verbringen möchte, der sollte den Parc du Petit Prince bei Ungersheim besuchen. Der Freizeitpark widmet sich thematisch dem kleinen Prinzen. Sämtliche Attraktionen und Animationen sind durch Saint-Exupérys Geschichte und sein Leben inspiriert – von der Schlangenachterbahn über das Labyrinth des Brunnens bis hin zur Aerobar des Trinkers.

Der kleine Prinz ist eine wunderschöne Geschichte, ein Plädoyer für Freundschaft, Liebe und Menschlichkeit. Das große Verdienst des Freizeitparks ist es, mit seinem Gespür für das Detail ebendiese Werte sowie die Atmosphäre des Märchens zu vermitteln. Das beginnt schon mit der Begrüßung des Besuchers durch einen virtuellen kleinen Prinzen und das Betreten des Parks durch einen Tunnel mit Sternenhimmel. Der Park bietet für jedermann etwas. Es gibt rasante Fahrattraktionen, klassische Abenteuerspielplätze, ein modernes 3D-Kino und VR-Erlebnisse, Blumengärten und Tiere. Nebenbei vermittelt der Park spannendes Wissen, etwa in einer Quizshow über das Weltall, bei verschiedenen Spielen rund um die Fliegerei oder bei einer Vorführung mit Füchsen, Schafen und Tauben.

Ein ganz besonderer Moment ist ein Ballonaufstieg. Bei blauem Himmel hat man in luftiger Höhe einen wunderschönen Blick auf die Rheinebene, die Vogesen und den Schwarzwald. Stimmungsvoll ist auch der Aufbau des Parks mit seiner kreisförmigen Anlage und seinen Wasserkanälen. Dies stammt noch von seinem Vorgänger, dem Umweltpark Le Bioscope, und symbolisiert den Einschlagsort eines Meteoriten, der am 7. November 1492 auf einem Feld in der Nähe niederging. Das passt dann wiederum zum kleinen Prinzen. Schließlich kennt auch er sich mit astronomischen Kleinkörpern bestens aus. Sein Zuhause ist schließlich der Asteroid B612.

- Parc du Petit Prince, Rue de l'Espoir, 68190 Ungersheim, Tel. +33 3/89 62 43 00 parcdupetitprince.com
- ÖPNV: Gare de Bollwiller, 4 Kilometer Fußweg oder Shuttlebus (vorher im Internet reservieren)

F-HPPP
Il faut exiger
de chacun
ce que chacun
peut donner

Make Art, not War

10 MAUSA Vauban

Eine außergewöhnliche Reißbrettsiedlung ließ Ludwig XIV. von 1698 bis 1704 als Festungsstadt errichten: Neuf-Brisach. Die Stadt wurde als Achteck angelegt, mit einem bastionierten Turm an jeder Spitze. Alle Häuserblocks sind 50 mal 50 Meter groß. Im Zentrum von Neuf-Brisach befindet sich ein zentraler Platz. Von hier aus führen vier Hauptstraßen zu den jeweiligen Stadttoren.

Am besten nimmt man den Weg Richtung Belfort-Tor. Dort lohnt sich ein Besuch des kleinen, aber informativen Vauban-Museums. Anschließend tritt man durch das beeindruckende Tor nach draußen, besichtigt die imposanten Befestigungsanlagen und genießt einen erholsamen Spaziergang um die Stadt, die zusammen mit anderen Bauwerken Vaubans seit 2008 zum UNESCO-Weltkulturerbe gehört. Seinen einst kriegerischen Charakter hat Neuf-Brisach heute verloren. Statt Soldaten patrouillieren Schafe zwischen den mittlerweile übergrünten Festungsanlagen.

Keinesfalls verpassen sollte man das ebenfalls nahe dem Belfort-Tor gelegene, im Jahr 2018 eröffnete Musée d'Art Urbain et de Street Art (kurz: MAUSA). Das Streetart-Museum erstreckt sich über 1200 Quadratmeter in den Tunneln und Räumen der historischen Festungsanlage. Der Gegensatz zwischen diesem einst militärischen Bauwerk und den modernen, farbenfrohen Kunstwerken mit ihren positiven Botschaften ist faszinierend. Im MAUSA finden Besucher vor allem Werke renommierter Künstler. Darunter sind etwa die Porträts bekannter Persönlichkeiten des englischen Graffiti-Künstlers Pure Evil, die bunten Kinderfiguren des Franzosen Julien „Seth" Malland oder die blauen Indianer des Brasilianers Cranio. Der „Mann in Weiß", ein Symbol für Licht, Kraft und Frieden vom Künstler Jérôme Mesnager, ist überall auf dem Planeten zu finden – und eben auch in Neuf-Brisach. Schön: Das Museum wächst ständig. Mit etwas Glück kann man den Streetart-Künstlern sogar bei ihrem Schaffen über die Schulter schauen.

- MAUSA Vauban, 15 Rue d'Angoulême, 68600 Neuf-Brisach, Tel. +33 7/ 49 64 13 39
mausa.fr
- ÖPNV: Haltestelle Neuf-Brisach

KEEP
FIGHTING
KEEP
LOVING

360-Grad-Panorama

11 Château du Hohlandsbourg

Unweit von Colmar thront weithin sichtbar am Ostrand der Vogesen die Hohlandsburg (Château du Hohlandsbourg) und wacht über den Ausgang des Münstertals in die Oberrheinische Tiefebene. Zumindest war das bis ins 17. Jahrhundert ihre Aufgabe. Dann teilte die Hohlandsburg dasselbe Schicksal wie so viele andere elsässische Burgen während des Dreißigjährigen Krieges. Soldaten, in diesem Fall französische, zerstörten die Burg im Jahr 1637. In den folgenden Jahrhunderten verfiel das Bauwerk. Daran änderte sich auch nichts, als die Burg 1840 unter Denkmalschutz gestellt wurde.
Erst ab den 1980er-Jahren gab es ernsthafte Bestrebungen, die Burganlage zu restaurieren und wieder aufzubauen. Heute erstrahlt die Hohlandsburg in altem Glanz. Von April bis November gibt es regelmäßig kulturelle Veranstaltungen. Meist geht es dabei inhaltlich um das Mittelalter. Dann führen auf der Freilichtbühne Schauspieler – meist komödiantische – Stücke auf. Im Burghof können sich Freiwillige im Bogenschießen oder Fechtkampf versuchen. Weniger Abenteuerlustige probieren mittelalterliche Spiele aus. Das Programm variiert, richtet sich aber überwiegend an Familien mit Kindern. Wer dem Trubel etwas entgehen möchte, zieht sich in das kleine Museumsgebäude zurück. In den modernen interaktiven Ausstellungsräumen erfährt man spannende Informationen über das Château du Hohlandsbourg und die nähere Umgebung.
Was den Besuch der Hohlandsburg allerdings einzigartig macht, ist der Panoramablick. Auf der komplett begehbaren Rundmauer hat man eine spektakuläre Aussicht auf die umliegende Waldlandschaft mit den benachbarten Burgen Weckmund, Pflixburg, Dagsburg und Wahlenburg sowie die oberrheinische Tiefebene. Bei idealem Wetter reicht der Blick bis Straßburg, zum Kaiserstuhl und nach Basel.

● Château du Hohlandsbourg, Route des Cinq Châteaux, 68920 Wintzenheim, Tel. +33 3/89 30 10 20, chateau-hohlandsbourg.com/de

Eiszeitlicher Gebirgssee

12

Lac Blanc

Im Winter macht der Lac Blanc seinem Namen alle Ehre, wenn eine dicke Schneeschicht auf dem „Weißen See“ liegt. Einige Höhenmeter oberhalb des eiszeitlichen Gebirgssees befindet sich die Station du Lac Blanc. Das Wintersportgebiet bietet für jeden etwas: Skipisten für Abfahrt und Langlauf, Schneeschuhwanderwege sowie verschiedene Rodelpisten. Material kann man sich vor Ort leihen.

Direkt an der Skistation und dem Hauptparkplatz herrscht der größte Andrang. Wer etwas weniger Trubel oder vor allem die winterliche Natur genießen möchte, findet dies in der Nähe des Restaurants Auberge Le Blancrupt. Hier kann man zum Schneeschuhwandern in den Wald aufbrechen, Langlaufski fahren oder einen Schlittenritt auf der Rodelpiste wagen. Besonders die Rodelpiste mit Blick auf den Wald und die umliegenden Berge ist landschaftlich sehr reizvoll. Hier tummeln sich vor allem Familien, die packende Schneeballschlachten schlagen, den Hügel herunterrodeln und sich danach bei einem Picknick stärken. Getränke und Mahlzeiten gibt es auch in der Auberge Le Blancrupt. Diese ist im Vergleich mit den anderen beiden Restaurants an der Station du Lac Blanc die beste Wahl – vor allem in Bezug auf Qualität und Service.

TIPP

In der Auberge Le Blancrupt gibt es Übernachtungsmöglichkeiten.

Der Lac Blanc ist nicht nur im Winter, sondern zu jeder Jahreszeit einen Ausflug wert. Verschiedene Wanderwege führen um den See herum. Besonders schön ist der Ausblick oberhalb des Felsens Rocher Hans. Von Mai bis September sind ein Kletterpark und eine Paintballanlage geöffnet. Im nahe gelegenen Bike Park finden Zweiradfreunde ihr Eldorado. Der Bike Park bietet sowohl rasante und technisch anspruchsvolle Abfahrten für passionierte Mountainbike-Fahrer als auch ruhigere Strecken für Anfänger und Familien, denen es in erster Linie um den Naturfaktor geht.

- Lac Blanc, 344 Lac Blanc, 68370 Orbey
- ÖPNV: Bus Navette des Crêtes ab Colmar (Juli bis August)

Haarsträubendes Erlebnis

13 Musée Electropolis

Warme Dusche, Geschirrspüler, Fernseher, Kühlschrank. Elektrischer Strom ermöglicht uns jeden Tag zahlreiche Annehmlichkeiten. Das veranschaulicht auch ein Besuch im Electropolis, dem Museum des staatlichen französischen Stromversorgers EDF. Dort erfahren Besucher viele interessante Infos über die Geschichte der Elektrizität und die Nutzung von Strom in unserem Alltag. Schon zu Beginn bekommt man einen anschaulichen Überblick über die verschiedenen Formen der Stromerzeugung und deren Nutzung. Auch die Rolle der Kernenergie wird thematisiert, schließlich spielt sie in der französischen Stromproduktion traditionell eine bedeutende Rolle. Die Ausstellung beleuchtet verschiedene Aspekte der Energiegewinnung und macht deutlich, dass die sichere Versorgung mit Strom ein Zusammenspiel unterschiedlicher Technologien ist – von konventionellen über erneuerbare bis hin zu zukunftsweisenden Formen der Erzeugung.
Besonders spannend ist das Theater der Elektrostatik, ein Labor, in dem Museumsmitarbeiter verschiedene Experimente vorführen und Besuchern wortwörtlich die Haare zu Berge stehen. Warum spürt man einen leichten Schlag, wenn man aus dem Auto steigt? Warum knistert es, wenn man jemanden küsst? Wie funktioniert der Käfig von Faraday? All diese Fragen werden sehr anschaulich beantwortet. Ein weiterer Höhepunkt ist die Entwicklung der elektrischen Alltagsgeräte. Es ist faszinierend, dass einige Geräte, die man selbst genutzt hat, bereits Museumsstücke sind. Zum Schmunzeln und aus heutiger Sicht etwas befremdlich ist hingegen die ausgestellte Fernseh- und Printwerbung zu älteren Haushaltgeräten wie Staubsauger und Waschmaschine. Das Herzstück des Museums ist „La Grande Machine“, eine imposante Generator-Dampfmaschine, die in einem riesigen verdunkelten Saal vor dem Hintergrund einer Filmpräsentation unablässig ihren Dienst verrichtet. Zum Abschluss wartet ein Experimentierbereich, der besonders bei Kindern gut ankommt und zum spielerischen Entdecken einlädt.

● Musée Electropolis, 55 Rue du Pâturage, 68200 Mulhouse, Tel. +33 3/89 32 48 50
musee-electropolis.fr
● ÖPNV: Haltestelle Musées

Kulinarisches Froschfest

14 Fête de la Grenouille

„Il pleut, il mouille, c'est la fête à la grenouille …" heißt es in einem französischen Kinderlied. Zu Deutsch: „Es regnet, es ist nass, das ist ein Fest für den Frosch." Ganz und gar nicht in Partylaune dürften die elsässischen Frösche am ersten Juliwochenende sein. Dann steigt jedes Jahr im Örtchen Herrlisheim-près-Colmar die Fête de la Grenouille. Bei dem Volksfest stehen die Frösche im Mittelpunkt beziehungsweise sie liegen auf dem Teller.

Das passt natürlich hervorragend zum Klischee des Froschschenkel essenden Franzosen. Eine – zugegeben nicht ganz repräsentative – Umfrage unter französischen Familienmitgliedern, Freunden und Bekannten ergab, dass über die Hälfte von ihnen noch nie ein Tier aus der Klasse der Lurche verzehrt hat. Von den anderen genießt nur ein Bruchteil hin und wieder Froschfleisch. Hinter diesem Klischee steckt vermutlich Folgendes: Die Küche in Frankreich ist erheblich abwechslungsreicher und vielfältiger, als man es aus Deutschland gewohnt ist. Beim Frosch-Fest in Herrlisheim-près-Colmar treffen sich beide Geschmäcker. Zu Froschschenkeln in Soße gibt es Knöpfle, eine auch im südwestdeutschen Raum bekannte alemannische Teigware, und dazu einen elsässischen Weißwein oder ein Bier, während aus den Lautsprechern deutsche Volksmusik tönt. Es ist beeindruckend, mit welcher Fingerfertigkeit die älteren Profis an den Nebentischen die Froschschenkel bis auf die Knochen abnagen. Und wie schmeckt Froschschenkel nun? Ähnlich wie Hähnchen. Allerdings verrät der strenge, fremdartige und irgendwie an einen Tümpel erinnernde Geruch, dass es sich nicht um Federvieh handelt. Für Froschfleisch-Verächter gibt es natürlich auch andere Speisen wie etwa Flammkuchen oder Pommes Frites für die Kinder. Der Höhepunkt des Froschfestes ist schließlich am letzten Festtag die Wahl der Miss Grenouille.

● Fête de la Grenouille, Parc de la Mairie, 68420 Herrlisheim-près-Colmar
● ÖPNV: Gare Herrlisheim-près-Colmar

Eguisheim ist Papst!

15 Der Papstort Eguisheim

„Wir sind Papst!" jubelte vor mehreren Jahren eine deutsche Boulevardzeitung nach der Wahl des deutschen Kardinals Joseph Ratzinger zum Papst. Es ist nicht überliefert, ob im Elsass eine ähnliche Euphorie herrschte, als der aus dem elsässischen Eguisheim (Egisheim) stammende Adlige Bruno von Egisheim-Dagsburg im Jahr 1049 zum Papst gewählt wurde. Immerhin galt Leo IX., so sein Papstname, als Mann des Volkes. Angeblich bestand er auf einer Legitimation sowohl durch den Klerus als auch die Bevölkerung Roms. Zudem war er aufgrund vieler Reisen an zahlreichen Orten präsent, trat als emsiger Reformer auf und ging gegen den Kauf von kirchlichen Ämtern und Privilegien vor.

In der kleinen Gemeinde Eguisheim ist das Andenken an Papst Leo IX. noch heute sehr lebendig. Bei der Ankunft im Ort fallen jedoch zunächst die bunten mit Blumen geschmückten Fachwerkhäuser ins Auge. Man kann gar nicht anders und schlendert fasziniert durch die engen, malerischen Gassen. Diese verlaufen ringförmig um die Burganlage im Ortszentrum. Die Ortsmitte ist zugleich das Highlight. Hier befinden sich die Burg Egisheim (Château de Saint Léon), eine Leo IX. gewidmete Kapelle, eine mit Blumen geschmückte Ringmauer sowie ein ebenfalls dem Papst gewidmeter Brunnen inklusive einer Statue. Ursprünglich befand sich hier lediglich die achteckig angelegte Burg mit einem breiten Wassergraben und einer Zugbrücke. Im Laufe der Jahrhunderte gab es jedoch zahlreiche Abrisse und Umbauten. Ihr heutiges Aussehen mit der Integration der Kapelle in den oktogonalen Grundriss bekam die Anlage Ende des 19. und Anfang des 20. Jahrhunderts.

Die gesamte Anlage wirkt sehr harmonisch. Insbesondere bei blauem Himmel ist die Szenerie wunderschön. Perfekt wird es hingegen, wenn ein Weißstorch aus seinem Nest vom Burgdach aufsteigt und majestätisch seine Kreise über der Anlage dreht. Dann kann es sogar passieren, dass neben einem eine asiatische Touristengruppe – verständlicherweise – völlig in Ekstase gerät.

● Château de Saint Léon, 4 Place du Château Saint-Léon, 68420 Eguisheim
● ÖPNV: Haltestelle Place de Gaulle Eguisheim

Eldorado für Autofreaks

16 Cité de l'Automobile

Die Automarke Bugatti genießt unter Autoliebhabern einen legendären Status. So auch bei den Textilfabrikanten Hans und Fritz Schlumpf. Zwischen 1961 und 1976 trugen die Brüder eine beeindruckende Sammlung historischer Automobile zusammen – von frühen Modellen bis hin zu Fahrzeugen aus den 1930er-Jahren. Im Mittelpunkt ihrer Leidenschaft stand dabei die elsässische Traditionsmarke Bugatti, insbesondere deren Renn- und Luxuswagen. Die Gebrüder Schlumpf gingen ihrer Sammelleidenschaft mit einer derartigen Intensität nach, dass ihre Firma in Zahlungsschwierigkeiten geriet. Auch der Niedergang der elsässischen Textilindustrie trug seinen Teil zum Abstieg der Firma bei, die 1977 pleite ging.

Nach einem jahrelangen Rechtsstreit konnte eine Käufergemeinschaft, der unter anderem die Stadt Mulhouse (Mülhausen) angehörte, die Sammlung erwerben. Heute sind diese Fahrzeuge sowie mehrere Neuerwerbungen, insgesamt über 500 Autos, im Automobilmuseum Cité de l'Automobile zu sehen. Nach eigener Aussage handelt es sich um die größte Automobilsammlung der Welt. Die Cité de l'Automobile ist aber nicht einfach nur eine riesige Ansammlung alter Autos. Hierunter befinden sich äußerst sehenswerte Raritäten, so etwa der legendäre „Silberpfeil" Mercedes-Benz W 154 oder die futuristisch anmutenden Stromlinienfahrzeuge des französischen Designers Paul Arzens. Die gesamte Geschichte des Automobils ist abgedeckt, von eher an Kutschen erinnernden Gefährten aus dem 19. Jahrhundert bis zum Supersportwagen Bugatti Veyron 16.4.

Abgerundet wird der fesselnde Besuch durch die moderne Präsentation mit überdimensionalen zeitgenössischen Fotografien, Bildschirmen, Geräuschen und Simulatoren. Ein ganz besonderes Erlebnis wartet von Ende März bis Ende September auf die Besucher. Dann präsentiert das Museum auf einer Rundstrecke ausgewählte Fahrzeuge live in Aktion. Gegen eine Gebühr dürfen Autofans sogar selbst ein paar Runden drehen.

- Cité de l'Automobile, 17 Rue de la Mertzau, 68100 Mulhouse, Tel. +33 3/89 33 23 23 citedelautomobile.com/de
- ÖPNV: Haltestelle Musée de l'Automobile

Neugierige Blicke

17 L'Oeil de la Sorcière

Es blinzelt niemals. Unablässig ist der Blick des Hexenauges auf den Horizont fixiert. Es sieht ganz genau, wer das Vallée de la Thur (Thurtal) betritt oder wieder verlässt. Nichts und niemand entgeht dem riesigen Hexenauge. Das gilt auch umgekehrt. Das in 442 Metern Höhe gelegene Hexenauge ist ein markantes Wahrzeichen der Stadt Thann und weithin sichtbar. Die Entstehung des steinernen L'Oeil de la Sorcière geht auf das Jahr 1673 zurück. Nach der französischen Annexion des Elsass verlor die über Thann thronende Engelsburg ihre strategische Bedeutung. König Ludwig XIV. ordnete daraufhin ihre Zerstörung an. Bei der Sprengung des riesigen Hauptturms fiel das größte Stück, eine mächtige ringförmige Scheibe, auf die Seite und blickt seither als Hexenauge auf die Stadt Thann.

TIPP

Zum Gedenken an die Gründungslegende verbrennen die Bewohner von Thann an jedem 30. Juni des Jahres drei Tannen.

Der Weg zu den Ruinen und zum Hexenauge dauert je nach Startpunkt rund 15 bis 25 Minuten. Oben angekommen, wirkt das Hexenauge noch beeindruckender als vom Tal aus. Vom Rest der Burg ist nicht viel übrig geblieben. Einige wenige Mauern und Fensterbögen existieren noch. Einfach herrlich ist die Aussicht auf die bewaldeten Vogesen, das Thurtal und Thann mit seinem Münster. Wenn man dabei über das Industriegebiet von Thann schaut, sollte man anders als das Hexenauge kurz einmal blinzeln und den Blick weiterwandern lassen. In den Ruinen halten verschiedene Tafeln Infos über die Geschichte der im Jahr 1224 errichteten Engelsburg parat. Der Legende nach ist die Geschichte der Burg eng mit der Gründung von Thann verknüpft. Demnach soll einst ein Diener des heiligen Ubald von Gubbio in seinem Wanderstab eine Reliquie seines Herrn versteckt haben. Als er nach einer Rast wieder aufbrechen wollte, konnte er trotz aller Kraft den in den Boden gesteckten Stab nicht wieder herausziehen. Im selben Moment leuchteten in drei Tannen Lichter auf. Das sah der Schlossherr der Engelsburg und erbaute daraufhin eine Wallfahrtskirche, um die sich Thann entwickelte.

- L'Oeil de la Sorcière, 68800 Thann
- ÖPNV: Gare Thann

Palast der Sinne

18 Le Palais du Pain d'Épices

Lebkuchen haben im Elsass eine lange Tradition. Bereits in einem Schriftstück des Straßburger Hospitals aus dem Jahre 1412 wird das süße Gewürzgebäck erwähnt. Dort hieß es, dass ein Kranker einen großen Brocken oder zwei kleine Brocken Lebkuchen zum Weihnachtsfest erhalten sollte. Auch der Elsässer Dichter Konrad Dangkrotzheim betonte 1435 die Bedeutung der Lebkuchen und ihre Beliebtheit zu Weihnachten – als Geschenk an Erwachsene, Kinder und von Verliebten. Ursprünglich ausschließlich in Klöstern hergestellt, wurden Lebkuchen Ende des 15. Jahrhunderts zur Spezialität elsässischer Bäcker.

Einer dieser Spezialisten ist der seit 1768 bestehende elsässische Lebkuchenhersteller Fortwenger, der in seinem Le Palais du Pain d'Épices („Lebkuchenpalast") die Besucher auf eine Reise durch die Welt der Lebkuchen einlädt. Dabei gibt es viele interessante Details über die Geschichte des Lebkuchens und seine Herstellung zu entdecken. Die jüngeren Besucher nimmt ein virtueller Lebkuchenmann, das Männele, mit auf Entdeckungstour durch die einzelnen Ausstellungsräume und führt sie durch ein Quiz rund um das Thema Lebkuchen. Der Besuch ist nicht nur informativ, sondern auch ein sinnliches Erlebnis. Überall duftet es nach den Bestandteilen des Lebkuchens: Nelken, Zimt, Anis und Ingwer. Der wohlige Geruch kommt von den ausliegenden Gewürzen und den ausgestellten dekorativen Lebkuchen. Eine Wand ist sogar komplett aus dem duftenden Gebäck fabriziert. Am Ende der Visite können Besucher schließlich Lebkuchenbäckern in einer gläsernen Küche über die Schulter schauen. Wer nun Appetit auf Lebkuchen bekommen hat, darf von einem Teller einige Stücke probieren oder kann sich mit leckeren Spezialitäten aus dem hauseigenen Shop eindecken.

● Le Palais du Pain d'Épices, 144 Route de Strasbourg, 67140 Gertwiller, Tel. +33 3/88 08 04 26, lepalaisdupaindepices.com/index-de.php
● ÖPNV: Gare de Gertwiller, 8 Minuten Fußweg

Rendezvous mit Störchen

19 Storchenpark NaturOparC

Der Weißstorch ist im Elsass allgegenwärtig. Er ziert Tassen und Teller, baumelt als Plüschfigur am Autorückspiegel oder sitzt leibhaftig in seinem riesigen Nest auf Dächern und Kirchentürmen. Im Elsass symbolisiert sein weißes Federkleid Reinheit, seine jährliche Rückkehr zum Nest Treue. Vor rund 40 Jahren stand es allerdings schlecht um das regionale Symboltier, als es nur noch eine Handvoll wild lebende Storchenpaare im Elsass gab. Zur Erhaltung des Storches im Elsass erfolgte deshalb nahe dem Dörfchen Hunawihr (Hunaweier) die Gründung einer Aufzuchtstation. Eine wesentliche Ursache für den Rückgang der Storchenpopulation waren die zahlreichen Gefahren auf dem langen Weg ins Winterquartier nach Afrika. Aus diesem Grund versuchte man im Centre de Reintroduction bei Hunawihr den Störchen ihren Wanderinstinkt abzugewöhnen. Mit Erfolg. Heute leben über 1600 Storchenpaare im Elsass.

TIPP

Bei der Fischjagd am Wasserbassin bekommt man in der ersten Reihe nasse Füße!

Das Centre de Réintroduction heißt mittlerweile NaturOParc und ist längst nicht mehr nur eine Aufzuchtstation, sondern als Tierpark auch für die Öffentlichkeit zugänglich. Dort gibt es natürlich unzählige Störche zu bestaunen. Einige von ihnen begrüßen die Besucher gelegentlich schon auf dem Parkplatz. Neben der Hauptattraktion gibt es auch andere Tiere zu beobachten. So tummeln sich beispielsweise Fischotter, Biber, Feldhamster und Kormorane in dem relativ kleinen, landschaftlich aber sehr reizvollen Park. Mit seinen zahlreichen Bäumen und Teichen wirkt er sehr naturbelassen. Ein beeindruckendes Baumhaus ermöglicht einen umfassenden Panoramablick auf den Park. Spiel- und Picknickplätze laden zu einem längeren Verweilen ein. Für Kinder gibt es zudem eine Wissensstation, in der sie Informationen zur Natur spielerisch entdecken können. Der Höhepunkt ist aber die spannende Vorführung in einer kleinen Arena. Dort werden verschiedene Parkbewohner bei der Fischjagd in einem Wasserbassin gezeigt.

- NaturOparC, Route de Ribeauvillé, 68150 Hunawihr, Tel. +33 3/89 73 72 62 naturoparc.fr
- ÖPNV: Haltestelle Hunawihr Route de Ribeauvillé, 5 Minuten Fußweg

Der Wohlfühlplatz

20 Place du Saumon

Hinsetzen und genießen. Wer in Wissembourg (Weissenburg) in der kleinen grünen Parkanlage am Place du Saumon auf einer der Bänke Platz nimmt, hat von hier aus eine herrliche Rundumsicht. Im Westen befindet sich die Église Saint-Pierre-et-Saint-Paul (St. Peter und Paul), eine der größten Kirchen im Elsass. Erbaut wurde das eindrucksvolle Gebäude aus rötlichem und ockerfarbenem Sandstein. Insbesondere wenn die Sonne die Kirche anstrahlt, ist deutlich die Maserung erkennbar. Die vorwiegend gotische Kirche besitzt an der Seite noch einen romanischen Glockenturm vom Vorgängerbau aus dem 11. Jahrhundert und ist deshalb Teil der Route Romane (Romanische Straße), die hier ihren nördlichen Ausgangspunkt hat und rund 200 Kilometer südlich im elsässischen Dorf Feldbach endet. Über 120 romanische Bauwerke gibt es auf der Ferienstraße zu entdecken, darunter auch einige hier im Buch erwähnte Glücksorte wie das Kloster Murbach oder die Abteikirche Ottmarsheim. Besonders sehenswert ist der charmante Kreuzgang des alten Klosters, der als einer der schönsten im Elsass gilt. Gegenüber der Kirche steht ein nur unwesentlich kleineres Gebäude, das sich irdischen Gütern widmete. In der riesigen Zehntscheune wurden Naturalien aufbewahrt, die die Bauern als Zehntsteuer zahlen mussten.

TIPP
Jedes Jahr findet im Sommer auf der Route Romane das mittelalterliche Musikfestival Voix et Route Romane statt.

Südlich des Place Saumon steht an der Salzbrücke die Maison du Sel. Mit seinem riesigen, schiefen Dach scheint das imposante Gebäude direkt einem Märchen entsprungen zu sein. Die Maison du Sel wurde Mitte des 15. Jahrhunderts erbaut, diente als Hospital, Metzgerei und Salzlager. Direkt vor der Maison du Sel fließt gemächlich die Lauter vorbei. Von der Salzbrücke aus bietet sich ein wunderschöner Blick auf blumengeschmückte Fachwerkhäuser. Wer jetzt ohnehin schon aufgestanden ist, kann ein wenig Richtung Norden an der Lauter und den Fachwerkhäusern entlangschlendern. Am Quai Anselmann Nummer 2 befindet sich das Vogelsbergerhaus (Maison Vogelsberger) mit seinem bezaubernden, mit Ornamenten verzierten Renaissanceportal.

- Place du Saumon, 67160 Wissembourg
- ÖPNV: Gare de Wissembourg, 10 Minuten Fußweg

Süße Lust made in Elsass

21 Rucher des 3 Châteaux

Viele Menschen lieben Honig. Das Problem dabei: Die Lebensmittelindustrie setzt zu einem großen Teil auf Importe, um den hohen Bedarf zu decken. Ein Großteil davon stammt aus Fernost – insbesondere aus China –, wo Honig häufig stark verarbeitet und industriell hergestellt wird. Solche Produkte erinnern eher an süßen Brotaufstrich als an echten, naturbelassenen Honig. Prima also, wenn man weiß, wo man hervorragenden Honig bekommen kann. Die Imkerei Rucher des 3 Chateaux in Châtenois (Kestenholz) ist solch ein Ort. 2012 übernahm Damien Colin den kleinen Familienbetrieb, nachdem er zuvor bei seinen Schwiegereltern das Imkerhandwerk gelernt und eine Weiterbildung gemacht hatte. Mit seinen rund 800 Bienenstöcken produziert Rucher des 3 Chateaux sechs verschiedene, einhundertprozentig natürliche Honige, die frei von Zusatzstoffen sind. Alle Bienenstöcke befinden sich in der Region um Châtenois, von Marckolsheim bis Bensfeld. Bei einer Kostprobe kann man sich vor Ort von der Qualität der köstlichen Honige überzeugen und in einem Gespräch viele spannende Infos über die Honigherstellung erhalten. Damien Colin bietet regelmäßig Kurse in Schulen an. Im Sommer nimmt er zudem interessierte Kunden mit auf einen Rundgang durch die Bienenstöcke und die Produktionsanlage. Dabei erfährt man zum Beispiel, dass sich anhand der von den Bienen gesammelten Pollen exakt feststellen lässt, wo sie auf Nahrungssuche waren. Neben dem Honig bietet die Imkerei einige besondere Kreationen wie etwa eine himmlische Mischung aus Honig und Nuss-Nougat-Creme an. Insbesondere aufgrund der hohen Qualität sind die Preise als fair zu bezeichnen. Abgerundet wird das Angebot durch verschiedene Pflege- und Gesundheitsprodukte wie Arnikakügelchen und Seife, die Rucher des 3 Chateaux zwar nicht selbst produziert, aber hierfür den natürlichen Rohstoff in Form des Honigs an den Hersteller liefert.

- Rucher des 3 Chateaux, 24 Chemin du Neuerweg, 67730 Châtenois, Tel. +33 6/15 80 68 85, rucher3chateaux.fr
- ÖPNV: Haltestelle Route Romaine, 10 Minuten Fußweg

MIEL D'ALSACE CERTIFIÉ
MIEL D'ALSACE CERTIFIÉ
MIEL D'ALSACE CERTIFIÉ

Burg des Friedens

22 Château du Haut-Kœnigsbourg

„Möge die Hohkönigsburg hier im Westen des Reiches, wie die Marienburg im Osten, als ein Wahrzeichen deutscher Kultur und Macht bis in die fernsten Zeiten erhalten bleiben", wünschte sich der deutsche Kaiser Wilhelm II. am 13. Mai 1908. Es blieb beim Wunschdenken. Den Status als „Westpfeiler" des Deutschen Reiches verlor die Hohkönigsburg (Château du Haut-Kœnigsbourg) schon vor 100 Jahren. Dafür dient sie heute einem viel spannenderen Zweck.
Die Hohkönigsburg sollte nicht nur als Symbol deutscher Macht dienen. Ebenso war sie von Beginn an als Museum geplant. Nach umfassenden Restaurierungsarbeiten Anfang des 20. Jahrhunderts unter der Leitung des von Kaiser Wilhelm II. beauftragten Architekten Bodo Ebhardt erstrahlte die Burg in neuem Glanz. Dank der realitätsnahen Rekonstruktion ist die Hohkönigsburg ein beeindruckendes Zeugnis mittelalterlicher Architektur.

TIPP

Von November bis März ist der Eintritt an jedem ersten Sonntag des Monats frei.

Besucher haben die Wahl. Den perfekt ausgeschilderten Rundgang durch die labyrinthartige Burg können sie auf verschiedene Weisen angehen. Mit einer – auf Wunsch deutschsprachigen – Führung oder auf eigene Faust mit oder ohne Audioguide. Der Rundgang führt durch zahlreiche Räume des täglichen Burglebens – von der Küche über die Gemächer der Burgherrin bis hin zur Schlosskapelle. Viele Zimmer sind mit Möbeln aus dem 15. bis 17. Jahrhundert ausgestattet. Man kann sich bildlich vorstellen, wie hier das Leben und der Alltag ausgesehen haben mögen. Immer wieder diente die Burg Kulturschaffenden als Inspiration. Jean Renoir wählte 1937 die elsässische Festung als Schauplatz für seinen Antikriegsfilm „Die große Illusion", ein meisterhaftes Plädoyer für Frieden und Humanismus. In seiner Zeit erlebte der Film ausschließlich Ablehnung – sowohl in Deutschland als auch in Frankreich. Heute sind die historischen Gemäuer eine europäische Begegnungsstätte, in der deutsche und französische Besucher gemeinsam auf eine Zeitreise ins Mittelalter gehen.

- Château du Haut-Kœnigsbourg, 67600 Orschwiller, Tel. +33 3/69 33 25 00
  haut-koenigsbourg.fr/de
- ÖPNV: Shuttlebus ab Gare de Sélestat

Köstliche Belohnung

23 Maison du Pain d'Alsace

Bereits in der Steinzeit war seine Zubereitung bekannt und entwickelte sich vor 10.000 Jahren zum Grundnahrungsmittel. Die Rede ist vom Brot, das im Leben der Menschen eine wichtige Rolle spielt. Das Elsass ist in dieser Hinsicht natürlich keine Ausnahme. Wer eine elsässische Bäckerei betritt, der staunt über die Vielzahl unterschiedlicher Backwaren. Darunter befindet sich selbstredend das französische Baguette. Aber auch eine große Zahl elsässischer Spezialitäten – vom Kougelhopf (Gugelhupf) über Bretzel und Bredele (kleine Kekse) bis hin zu Lämmele (Osterlämmer aus Biskuitteig). So wie im Maison du Pain d'Alsace in Sélesat (Schlettstadt). Aus der Backstube kommen viele leckere Backwaren, die man zu Hause oder gleich vor Ort im Café kosten kann.
Es lohnt sich allerdings, etwas mit dem Schlemmen zu warten und das im selben Haus untergebrachte elsässische Brotmuseum zu besichtigen. Das Maison du Pain d'Alsace ist stilvoll in einem Fachwerkhaus aus dem 16. Jahrhundert untergebracht, das einst der örtlichen Bäckerzunft gehörte. Das kleine Museum nimmt Besucher mit auf eine Reise durch die Geschichte des Brots – beginnend mit den Ursprüngen der Landwirtschaft und den besonderen Gegebenheiten im Elsass. Dank der dreisprachigen Texte erfährt man beispielsweise, dass es im Elsass lange Zeit die Tradition eines Aussteuersacks, eines mit Getreide gefüllten Hanf- oder Leinensacks, als Hochzeitsgeschenk für junge Paare gab. Neben Ausstellungsgegenständen rund um das elsässische Backhandwerk bietet das im Jahr 2018 restaurierte Maison du Pain d'Alsace moderne museumspädagogische Möglichkeiten wie interaktive Bildschirme. Witzig ist ein – allerdings nur auf Französisch – gemachtes Hörspiel, das an einem Modell die Brotherstellung in einer modernen Bäckerei erklärt. Schließlich führt der Weg durch den alten Zunftsaal der Bäcker wieder zurück in die Bäckerei, wo man sich nun wirklich den Genuss einer der Backspezialitäten verdient hat.

● Maison du Pain d'Alsace, 7 Rue du sel, 67600 Sélestat, Tel. +33 3/88 58 45 90
maisondupain.alsace/de
● ÖPNV: Haltestelle Vanolles, 7 Minuten Fußweg

FAUCILLE
SICHEL SICKLE

Viktorianische Teestube

24 Au Fond du Jardin

Doktor Watson hätte das Au Fond du Jardin geliebt. Schließlich mag es der treue Freund von Meisterdetektiv Sherlock Holmes nach eigener Aussage gerne gemütlich. Das Attribut passt definitiv zum Au Fond du Jardin. Gemütlich und märchenhaft. Die englische Teestube wurde geschmackvoll und originell von Frédéric Robert im viktorianischen Stil dekoriert. Die Inneneinrichtung, in der die Farben Rot, Rosa und Gold dominieren, wirkt verträumt, ohne dabei ins Kitschige abzudriften. Sanfte, musikalische Klänge runden die großartige Atmosphäre ab. Ein schöner Ort!

Das ist er natürlich nicht nur aufgrund der Optik. Bereits beim Betreten des Ladens duftet es wunderbar. Hier möchte man einfach bleiben. Neben Kuchen und Torten sind die beiden Spezialitäten des Au Fond du Jardin exzellenter Tee und noch exzellentere Madeleines. Madeleine, das ist ein französisches Feingebäck in Form einer Jakobsmuschel. Aber solche Madeleines wie im Au Fond du Jardin haben bestimmt die wenigsten bisher gesehen. Die bunten, mit viel Liebe dekorierten Gebäcke tragen solche illustren Namen wie „Feiertag", „Sherlock Holmes", „Beste Freundin" und „Sonntag im Garten". Das Angebot variiert je nach Jahreszeit und Kundenwünschen. So gibt es etwa besondere Madeleines für Ostern oder Weihnachten. Zu jeder Madeleine weiß der Gastgeber eine kleine Geschichte zu erzählen – und wie es zu den oft poetischen Namen kam.

Die Auswahl der Madeleines fällt schon schwer. Nicht leichter ist es angesichts des riesigen Angebots an wohlschmeckenden Teesorten. Auch hier berät das Team mit viel Leidenschaft und Expertise. Zur ganzen Wahrheit gehört allerdings auch: Die Preise liegen etwas über dem Durchschnitt. Dafür bekommt man jedoch ein unvergleichliches Erlebnis – voller Geschmack, Stil und Atmosphäre. Falls es im Au Fond du Jardin einmal zu voll sein sollte, kann man Tee und Madeleines auch für eine gemütliche Teestunde zu Hause mitnehmen. Vor allem in Ferienzeiten empfiehlt es sich, rechtzeitig einen Tisch zu reservieren.

- Au Fond du Jardin, 6 Rue de la Râpe, 67000 Strasbourg, Tel. +33 3/88 24 50 06 aufondduijardin.fr
- ÖPNV: Haltestelle Langstross/Grand'Rue, 9 Minuten Fußweg

Paradiesisches Auenland

25 La Petite Camargue Alsacienne

Camargue? Ist das nicht ein Gebiet im Süden Frankreichs? Richtig. Doch nicht nur die Rhône hat eine markante Landschaft erschaffen. Auch der Rhein kann damit dienen. Im südlichen Elsass befinden sich bei St. Louis (Sankt Ludwig) die Auenwälder der Petite Camargue Alsacienne – ein besonderes Naturjuwel. 1852 wurde hier die Kaiserliche Fischzucht zur Aufzucht von Atlantiklachsen gegründet. Durch menschliche Eingriffe in die Natur kam der Betrieb jedoch zum Erliegen. Nach Jahren der Verschmutzung und Zerstörung der Auenlandschaft setzte schließlich ein Umdenken ein. 1982 erhielt die Petite Camargue Alsacienne den Status eines Naturschutzgebietes. In den vergangenen Jahrzehnten tat man einiges, um die Auenlandschaft wiederherzustellen. Auch Lachse werden hier heute wieder gezüchtet.

TIPP
Unbedingt ein Fernglas mitnehmen!

Wer die Schönheit und Ruhe der Petite Camargue Alsacienne genießen möchte, hat auf mehreren Wanderwegen unterschiedlicher Länge die Gelegenheit dazu. Teilweise führen die Pfade auch über den Rhein nach Deutschland. Mehrere Beobachtungsposten und Sitzbänke laden immer wieder zum Verweilen und Erforschen ein. Dazu gibt es häufig Gelegenheit. Denn die Natur beherbergt in der Auenlandschaft der Petite Camargue Alsacienne eine unglaubliche Vielzahl an Arten. Neun unterschiedlich feuchte Lebensraumtypen bilden die Grundlage für eine wunderschöne, abwechslungsreiche Flora und Fauna. Vor allem im Frühjahr ist die Petite Camargue Alsacienne ein kleines Paradies. Über 200 verschiedene Wirbeltierarten haben hier ihren Lebensraum. Darunter befinden sich rund 170 Vogel- und 30 Säugetierarten. Insbesondere die großen schottischen Hochlandrinder, die als natürliche Rasenmäher einen wichtigen Job verrichten, fallen sofort ins Auge. Wissbegierige Wanderer sollten die beiden Ausstellungen in der Nähe der Teichverwaltung besuchen. Dort lernen Besucher Wissenswertes über die (Natur-)Geschichte der Petite Camargue Alsacienne und des Rheins sowie die örtliche Lachszucht.

- La Petite Camargue Alsacienne, 1 Rue de la Pisciculture, 68300 St. Louis, Tel. +33 3/89 89 78 59, petitecamarguealsacienne.com/de
- ÖPNV: Haltestelle Petite Camargue

Hochprozentige Lebensfreude

26 Distillerie Lehmann

Der äußere Schein trügt. Etwas abgelegen und gut versteckt hinter der riesigen Fabrikanlage der Brauerei Kronenbourg liegt die kleine Distillerie Lehmann. Von außen macht das Gebäude nicht viel her, wirkt eher wie ein Lager der gegenüberliegenden Bierbrauerei. Ist das hier wirklich die richtige Adresse? Ja, sie ist es. Nach dem Betreten empfängt einen eine herzliche Atmosphäre, die das schlichte Äußere schnell vergessen lässt.

Gegründet im Jahr 1850, ist die Distillerie Lehmann die älteste Brennerei im Elsass. Seit sechs Generationen wird hier das Handwerk der Destillation von Vater zu Sohn weitergegeben. Von Beginn an gehörten Obstbrände zum festen Repertoire der Distillerie. Die aus Obst hergestellten Schnäpse haben im Elsass eine lange Tradition, sowohl die Herstellung als auch der Genuss als Digestif nach dem Essen. Von der Qualität der traditionellen Eaux-de-vie kann man sich bei einer Verkostung in der Distillerie Lehmann überzeugen. Die Auswahl reicht von Kirsche, Himbeere und Pflaume bis zu Mirabelle und Birne – allesamt Klassiker mit regionalem Charakter. In den vergangenen Jahrzehnten wurde das Sortiment stetig erweitert. Zu den traditionellen Eaux-de-vie kamen unter anderem Brandy und Wodka hinzu – stilvoll abgefüllt in formschöne Flaschen, deren Design von Parfümflakons inspiriert ist. Ein besonderer Clou: Seit dem Jahr 2000 stellt die Brauerei einen eigenen Whisky her. Whisky, das ist etwas, das man eher mit Schottland und den Britischen Inseln verbindet. Tatsächlich ist elsässischer Whisky im Vergleich zu anderen Spirituosen eher die Ausnahme. Nur wenige Brennereien in der Region widmen sich der Whisky-Herstellung, darunter auch die Distillerie Lehmann. Drei Varianten des Elsass Whiskys werden angeboten: Origin, Gold und Premium. Alle schmecken ausgezeichnet. Der Favorit ist aber der achtjährige Premium mit seiner fruchtig-rauchigen Note. Der ist zwar kein Schnäppchen, aber ideal zum Verschenken oder besser noch zum Selbergenießen.

- Distillerie Lehmann, Chemin des Peupliers, 67210 Obernai, Tel. +33 3/88 50 41 29 distillerielehmann.com
- ÖPNV: Gare de Bischoffsheim, 2 Kilometer Fußweg

Elsass Whisky
SINGLE MALT
LEHMANN
ORIGINE
GOLD

Flüssige Kraftoase

27 Lac de Kruth-Wildenstein

Auf exakt 666 Metern Höhe thront die Burg Wildenstein und wacht über den – viele Jahrhunderte später entstandenen – Stausee Lac de Kruth-Wildenstein. Wobei „wachen" vielleicht etwas zu viel des Guten ist. Denn von der einst sicherlich imposanten Burg sind nur noch einige Reste übrig. Ein Besuch lohnt sich dennoch. Von hier aus hat man eine herrliche Aussicht auf die umgebenden Vogesen, das südliche gelegene Dorf Kruth (Krüt) und den Stausee.
Der Lac de Kruth ist ein beliebtes Ausflugsziel, aber dennoch niemals überlaufen. Wunderschön inmitten der bewaldeten Vogesen gelegen, bietet der See eine Vielzahl an Freizeitmöglichkeiten. In der Nähe der Staumauer versuchen einige Angler ihr Glück. Gelegentlich gehen auch Taucher im 35 Meter tiefen See auf Exkursionskurs. Seine Hochphase erlebt der See im Sommer, wenn Besucher ein erfrischendes Bad im See genießen. Auch so mancher Hund hechtet nach seinem Stöckchen und springt ins kühle Nass. Während des Badespaßes sollte man sich nicht wundern, wenn plötzlich jemand in luftiger Höhe in bester Indiana-Jones-Manier auf einer Seilrutsche über den See hinwegsaust. In der Nähe befindet sich ein Kletterpark. Nach dem fordernden, aber auch sehr motivierenden Parcours durch die Bäume wartet als Finale die Seilrutsche. Ein großartiges Vergnügen!
Weniger Abenteuerlustige fahren mit dem Tretboot über den See oder machen eine Wanderung auf einem der zahlreichen Wanderwege in der Umgebung. Hier ist insbesondere ein Abstecher an das Nordufer empfehlenswert, wo man auf einem der Felsen vor der Cascade du Bockloch picknicken und dabei den Wasserfall bestaunen kann. Wer sich nicht selbst verpflegen möchte, findet in einem kleinen Imbiss am See sowie in einem Restaurant am nahe gelegenen Parkplatz etwas für das leibliche Wohl.

- Lac de Kruth-Wildenstein, nördlich der Gemeinde Kruth
- ÖPNV: Haltestelle Lac Kruth

Leidenschaftliches Verlangen

28 Burg Landskron

Die im elässischen Jura, nahe der französisch-schweizerischen Grenze gelegene Burg Landskron hatte in ihrer langen Geschichte zahlreiche Bewohner. Ritter, liebeskranke Adlige und Affen waren nur einige davon. Im Jahr 1689 befahl der französische König Ludwig XIV. seinem Festungsbaumeister Vauban, Landskron zu einer Grenzfestung und einem Staatsgefängnis für politische Gefangene auszubauen. Der bekannteste von ihnen war der in New Orleans geborene Adlige Bernard Duvergez de Soubardon, der 1769 wegen „ungebührlichen Verhaltens" inhaftiert wurde. Tatsächlich hatte er eine Liebesbeziehung mit einer jungen, schönen Dame am Hof. Als die neuen Machthaber während der Französischen Revolution alle Gefängnisse nach politischen Gefangenen durchsuchten, fand man auch Duvergez. Dieser war nach 21 Jahren Kerkerhaft jedoch körperlich stark angegriffen und verstarb kurze Zeit später. Allerdings nicht ohne zuvor noch einmal besagte Dame in die Arme schließen können. In all den Jahren hatte sie niemals aufgehört, nach ihm zu suchen.

Nach der Zerstörung der Burg während der Befreiungskriege wurde es ruhig in den Ruinen. Bis 1970 neue Bewohner einzogen. 10 Jahre lang besiedelten Berberaffen im Zuge eines Tourismusprojekts die Burganlage. 1984 konnte der Verein Pro Landskron die Ruine erwerben und große Teile sanieren. Auch heute gibt es noch eindrückliche Mauerreste, Türme und Innenhöfe in der verwinkelten Anlage zu erkunden. Dabei können Besucher einen Blick in Duvergez' karg möblierte Zelle werfen, in der er sehnsüchtig auf seine Angebetete wartete. Im Gegensatz zum eingekerkerten Duvergez dürfen heutige Besucher das Panorama genießen. Auf der Turmplattform bietet sich bei gutem Wetter ein wunderschöner Ausblick auf Basel und den Schwarzwald. Besonders klasse: Rund um die Burg gibt es zahlreiche Grillmöglichkeiten. Ein geselliges Picknick inmitten dieser historischen Kulisse ist einfach ein tolles Erlebnis!

- Burg Landskron, 68220 Leymen
- ÖPNV: Haltestelle Leymen Mairie oder Haltestelle Leymen Station, 20 Minuten Fußweg

Wissenschaft macht Spaß

29 Le Vaisseau

Es gibt viele interessante Museen. Für Kinder haben sie aber oft einen entscheidenden Nachteil. Die jungen, neugierigen Besucher dürfen meistens nichts anfassen, nichts selbst ausprobieren. Das ist im Le Vaisseau – zu Deutsch: „Schiff" – anders. Dort können Kinder selbst aktiv werden. Le Vaissau ist ein interaktives Wissenschaftszentrum, das sich explizit an Kinder ab 3 Jahren bis zum Teenageralter richtet. Unter dem Motto „La science en s'amusant" („Wissenschaft macht Spaß") spielen und experimentieren sie allein oder zusammen mit den Eltern. Die jungen Entdecker werden zu Architekten, Nachrichtensprechern, Ärzten, Naturforschern oder Hydrologen. Wie kann man Wasserkraft für elektrische Energie nutzen? Wie barrierefrei ist unsere Umwelt? Welche Tiere leben in meinem Zimmer? In sechs verschiedenen interaktiven Dauerausstellungen erhalten die kleinen und großen Besucher Antworten auf diese und viele andere Fragen. Selbst eher trockene Fachgebiete wie Mathematik machen dank abwechslungsreicher Experimente Spaß.
Sämtliche Ausstellungen und Erklärungen sind dreisprachig (Deutsch, Englisch, Französisch). Zudem laden wechselnde Sonderausstellungen zum mehrmaligen Besuch ein. Spannend ist bei schönem Wetter auch der Garten, der in drei Bereiche unterteilt ist: Im Pädagogischen Garten erfahren Besucher faszinierende Fakten über ihre Umwelt. Im Spielgarten darf – wie der Name schon vermuten lässt – ausgiebig gespielt werden. Im Entspannungsbereich hingegen können sich Besucher von der anstrengenden Kopfarbeit erholen oder gemeinsam picknicken. Das Motto des Vaisseaus ist tatsächlich Programm. Die Zeit vergeht wie im Flug. Man kann ohne Probleme 4, 5 oder mehr Stunden dort verbringen. Auch die Erwachsenen haben ihren Spaß und lernen noch jede Menge dazu. Ein kurzweiliger Mitmach-Wissenschaftsort für alle kleinen und großen Wissbegierigen!

● Le Vaisseau, 1 Bis Rue Philippe Dollinger, 67100 Strasbourg, Tel. +33 3/69 3326 69
levaisseau.com/de
● ÖPNV: Haltestelle Danube

Römische Spuren

30 Musée Gallo-Romain

Es begann im Elsass. Als die germanischen Sueben unter ihrem Anführer Ariovist die Gebiete westlich des Rheins besetzten, bat die lokale Bevölkerung die Römer um Hilfe. Ein fataler Fehler! Zwar besiegten die Legionen unter Julius Caesar die Germanen, doch die vermeintlichen Befreier verließen die Region nicht wieder. Im Gegenteil: Caesar startete einen groß angelegten Eroberungsfeldzug und unterwarf das gesamte freie Gallien. Durch die Romanisierung der keltischen Einwohner entwickelte sich im Elsass eine gallo-römische Bevölkerung. Das Leben inmitten zweier Kulturen ist demnach keine deutsch-französische Erfindung. Rund fünf Jahrhunderte dauerte die römische Herrschaft im Elsass. Das hat natürlich Spuren hinterlassen. Einige davon sind im Musée Gallo-Romain in Biesheim zu sehen.

TIPP

Der Besuch lässt sich mit einer Visite des im Untergeschoss untergebrachten Optischen Museums verbinden.

Das kleine, moderne Museum beherbergt Sammlungen, die anschaulich über die römische Vergangenheit der Region informieren und sich den Themen Militär, Handel, Religion und Alltag widmen. Die Funde stammen aus der Umgebung von Biesheim und gehören zu einer gallo-römischen Siedlung, bei der es sich vermutlich um das antike Argentovaria handelt. Auch Hinterlassenschaften von Caesars Legionen sind in den Vitrinen ausgestellt. Zu den Höhepunkten zählen Ausstellungsstücke römischer Legionen, darunter solche der von Caesar für den Gallischen Krieg aufgestellten Legio VIII Augusta. Neben militärischen Funden sind auch Schmuckstücke, Produkte für die Körperpflege, Spiele, Haushaltsgegenstände und Handwerksgeräte zu sehen. Ein spannender Blick in den Alltag der Antike! Das Glanzstück des Museums ist ein Edelstein, auf dem der Kaiser Commodus – bekannt als der Bösewicht aus dem Hollywood-Blockbuster „Gladiator“ – hoch zu Pferd und mit einem Speer abgebildet ist. Zu seinen Füßen fleht eine orientalische Frau um Gnade. Vermutlich symbolisiert sie eine unterworfene Provinz. Auch andere Regionen teilten dieses Schicksal.

● Musée Gallo-Romain, Le Capitole – Rue de l'Eglise/Place de la Mairie, 68600 Biesheim, Tel. +33 3/89 72 01 58
● ÖPNV: Haltestelle Mairie Biesheim

Unter Affen

31 La Montagne des Singes

Der 1969 gegründete Tierpark La Montagne des Singes („Affenberg") gehört zu den beliebtesten Touristenattraktionen des Elsass. Auf einem Rundweg durch einen Wald bei Kintzheim können Besucher über 200 Berberaffen fast wie in freier Wildbahn beobachten. Zäune gibt es hier nicht. Im Gegenteil ist der Montagne des Singes ein Ort der Begegnung zwischen Affen und Menschen. Damit die Tiere ungestört bleiben, werden die Besucher am Eingang freundlich, aber bestimmt auf das richtige Verhalten hingewiesen. Dazu gehört auch, auf den Wegen zu bleiben, damit sich die Affen bei Bedarf in die ruhigeren Teile des Waldes zurückziehen können. Das Parkpersonal spricht Französisch, Deutsch und Englisch. Überall sind hilfsbereite Parkmitarbeiter anzutreffen, die auf die Sicherheit achten und Fragen rund um die Berberaffen gerne beantworten.

Während des Rundgangs ergeben sich viele amüsante Situationen, wenn übermütige Affenkinder über Wege stürmen und müde Affenpapas auf Parkbänken dösen. Besonders spannend sind die regelmäßig stattfindenden Fütterungen durch das Parkpersonal. Dabei gibt es – anders als früher – kein Popcorn mehr, sondern frisches Gemüse, Früchte und Getreide. Und ein paar faszinierende Infos – auch auf Deutsch – über Verhalten, Lebensweise und Herkunft der Berberaffen. Die ursprüngliche Population stammt aus Marokko. Seit seiner Gründung dient der Tierpark nicht nur als Touristenattraktion, sondern auch als Aufzuchtstation. In den vergangenen Jahrzehnten konnten bereits Hunderte der stark gefährdeten Berberaffen gruppenweise in Nordafrika ausgewildert werden.

Ein besonderes Highlight für Kinder ist der spielerische und pädagogische Parcours „In der Haut eines Affen". An rund 15 Stationen können die jungen Besucher Bewegungsarten von Primaten nachahmen – klettern, balancieren, springen – und dabei spielerisch mehr über die Lebensweise der Affen erfahren. Die Stationen sind sicher gestaltet und bieten ein lehrreiches Abenteuer für die ganze Familie.

- La Montagne des Singes, La Wick, 67600 Kintzheim, Tel. +33 3/88 92 11 09 montagnedessinges.com/de
- ÖPNV: Shuttlebus ab Gare de Sélestat

Kindheitserinnerungen

32 Musée du Jouet

Über viele Jahre sind sie treue Lebensbegleiter. Sie sind Zeugen ausgelassenen Gelächters sowie dicker Tränen. Sie spenden Freude und Trost. Sie werden liebkost und wütend in die Ecke geschmissen. Und irgendwann landen sie in einer Kiste und geraten in Vergessenheit. Die Rede ist von Spielzeugen. Einige Vertreter dieser Gattung haben im Musée du Jouet einen Ort für den wohlverdienten Ruhestand gefunden. In einem ehemaligen Kino im Zentrum von Colmar nimmt das Spielzeugmuseum junge und jung gebliebene Besucher mit auf eine Reise durch die Welt der Spielzeuge – vom 19. Jahrhundert bis heute. Die faszinierenden Sammlungen sind nach Themen geordnet und verteilen sich auf drei Etagen.

Seifenkisten, Spielzeugsoldaten, Puppen, Playmobil, Lego, Barbie, Autos, Gesellschaftsspiele, Roboter und Videospiele. Die Wandlung von Blech und Metall hin zu Plastik und elektronischen Spielzeugen fällt sofort ins Auge. Gleichzeitig ändern sich die Spielgewohnheiten – vor allem bei jüngeren Kindern – gar nicht so sehr. Mit viel Liebe wurden zwei Kinderzimmer, eines im Stil der Fünfzigerjahre, das andere im Stil der Achtzigerjahre eingerichtet. Immer wieder entdeckt man im Musée du Jouet Wegbegleiter aus der eigenen Vergangenheit, verbindet schöne Erinnerungen mit den ausgestellten Spielsachen. Ein Besuch im Musée du Jouet, das ist ein wenig wie Heimkommen.

Neben vielen bekannten Spielzeugen gibt es auch einige Kuriositäten. Insbesondere der eindrucksvolle Ausstellungsraum zum Thema Science Fiction bietet manche Überraschungen. Wer wusste zum Beispiel, dass es ein Brettspiel rund um den liebenswürdigen Außerirdischen E.T. gab? Ein weiteres Highlight sind die Modelleisenbahnen in der zweiten Etage. Sie begeistern aufgrund ihres Wimmelbuch-Charakters. Überall gibt es Details zu entdecken, passiert etwas. Besonders schön: Im Erdgeschoss des Musée du Jouet dürfen Besucher selbst aktiv werden und ausgiebig mit Gesellschaftsspielen, Kapla oder Videogameklassikern spielen.

- Musée du Jouet, 40 Rue Vauban, 68000 Colmar, Tel. +33 3/89 41 93 10
colmar.fr/musee-jouet
- ÖPNV: Haltestelle Colmar Vauban

LES JEUX VIDEO
présentent sous la forme
bornes puis de consoles de
salon et enfin de consoles
portables.
Nintendo édite une console ingénieuse :
SUPER COBRA

Lieblingsbrücke

33 Le pont fortifié

Die Pont fortifié in Kaysersberg ist außergewöhnlich. Bei ihr handelt es sich um die einzige befestigte Brücke im Elsass. Im Jahr 1514 löste sie einen hölzernen Vorgänger ab. Der Grund: Kaysersberg wollte sich gegen Angreifer wehren können, falls diese von der Flussseite her attackierten. Der Übergang über das Flüsschen Weiss (oder auch Weissbach) ist eine zweibogige Steinbrücke, die die Altstadt mit der Oberstadt verbindet. Von der Brüstung aus ließ sich das massive Bauwerk hervorragend verteidigen. Heutzutage bleiben die Musketen und Armbrüste allerdings im Waffenschrank. Stattdessen genießen sowohl Kaysersberger als auch Besucher die beruhigende Aussicht auf die Weiss, die sich ihren Weg aus den Vogesen Richtung Colmar bahnt und dort mit der Fecht zusammenfließt.

Wer den Blick rundum schweifen lässt, der wird feststellen, dass dies einer der schönsten Orte im Elsass ist. Zahlreiche im 16. und 17. Jahrhundert erbaute und mit Blumen geschmückte Fachwerkhäuser wetteifern um die Gunst des Betrachters. Insbesondere das in Richtung Altstadt gelegene mehrgeschossige Haus Maison Brief-Faller aus dem Jahr 1594 wirkt sehr imposant. Auf der gegenüberliegenden Seite in der Oberstadt bleibt der Blick an dem ehemaligen Wohnhaus des Schmiedes Michel Herzer haften. Das im Jahr 1591 errichtete Gebäude besticht mit seinem reichhaltigen Schnitzwerk und seinen Buntglasfenstern. Darüber befindet sich auf einem Hang die im frühen 13. Jahrhundert erbaute Burg Kaysersberg, der der Ort seinen Namen verdankt. Ein Besuch lohnt sich. Auf der weitläufigen Anlage bietet sich ein wunderschönes Panorama auf das waldreiche Tal der Weiss, die umliegenden Weinberge und Kaysersberg mit seinen Fachwerkhäusern. Den besten Blick auf die Pont fortifié erhascht man übrigens bei einer kleinen Mauer in der 84 Rue Général de Gaulle. Von hier haben Betrachter eine herrliche Aussicht auf die Brücke, das Badhus (ein ehemaliges öffentliches Bad) und den Wohnturm der Burg.

- Le pont fortifié, 103 Rue du Général de Gaulle , 68240 Kaysersberg
- ÖPNV: Haltestelle Porte Haute Kaysersberg, 5 Minuten Fußweg

Bonjour Marlene

34 Restaurant La Cocotte Rouge

Es liegt etwas abgelegen. Doch der Weg lohnt sich. Inmitten eines Waldes in den Vogesen thront auf einem Hang das Restaurant La Cocotte Rouge („Der rote Topf"). Die Lage ist idyllisch. Auf dem Gelände befinden sich mehrere Gehege mit tierischen Bewohnern. Hier tummeln sich verschmuste Esel, niedliche Minischweine und bockige Ziegen. Besucher werden im La Cocotte Rouge von Marlene Dietrich begrüßt. Natürlich nicht höchstpersönlich. Aus den Lautsprechern klingen französische Chansons, von der deutsch-amerikanisch-französischen Diva über Jaqcues Brel bis hin zu Jacques Dutronc. Das passt ganz hervorragend zum Ambiente, einer Mischung aus lokaler Tradition, französischer Lebensart und Moderne. Dies spiegelt sich auch in der Dekoration wider: Fachwerkholz, rot gestrichene Wände, alte Haushaltsgegenstände und Bilder des zeitgenössischen, auf menschliche und tierische Anatomie spezialisierten Malers Lanfranco Quadrio erschaffen eine einzigartige Atmosphäre. Ebenso vielfältig ist die Speisekarte. Vegetarische Gerichte, Spezialitäten aus dem Elsass, französische Klassiker, Wildgerichte, für ein Restaurant dieser Größe und Lage bietet das Cocotte Rouge überraschend viel Abwechslung. Auch die Qualität stimmt. Selbst traditionelle Gerichte werden erfreulich modern präsentiert. Empfehlenswert ist der Rehburger mit selbst gemachten, luftigen Pommes Frites. Lecker! Die entspannte, freundliche Bedienung rundet das positive Erlebnis ab.

Man möchte eigentlich gar nicht wieder gehen. Muss man auch nicht. Besucher können sich gleich in einem der Gästezimmer einquartieren. In der Gegend warten jede Menge Aktivtäten. In unmittelbarer Umgebung gibt es hervorragende Wanderwege. Richtung Westen liegt das Freizeit- und Skigebiet Lac Blanc, im Osten die „Zivilisation" in Colmar. Letztere darf aber noch etwas warten. Zunächst will Esel Jacques noch ausgiebig gestreichelt werden.

● La Cocotte Rouge, 72 la Houserousse, 68370 Orbey, Tel. +33 3/89 71 28 15
domainedebasil.com

Kreuzfahrt nach Europa

35

Mit dem Batorama zum EU-Parlament

Auf Initiative des französischen Außenministers Robert Schuman begann nach dem Zweiten Weltkrieg ein Prozess der europäischen Einigung, der schließlich in der Gründung der Europäischen Union mündete. Seit Jahrzehnten garantiert die supranationale Institution Frieden in Europa. Was früher eine Ausnahme war, ist für über 500 Millionen Menschen heute der Normalzustand.

Bezeichnenderweise fiel bei der Standortsuche für das Zentrum der europäischen Demokratie, des Europäischen Parlaments, die Wahl auf Strasbourg, lange Zeit ein umkämpfter Ort und nun ein Symbol für die europäische Aussöhnung. Wer auf dem geschichtsträchtigen Boden Straßburgs wandelt, sollte unbedingt einmal das Europäische Parlament besuchen. Am besten geht das mit dem Boot. Vor dem Palais Rohan startet die rund 70-minütige Rundfahrt mit einem Batorama-Ausflugsboot. Die Besichtigung auf dem Wasserweg bietet eine erfrischend andere Möglichkeit der Erkundung, bei der man dank des Audioguides viel Spannendes über die 2000-jährige Geschichte Straßburgs erfährt. Die Fahrt führt um die Grande Ile herum durch das Gerberviertel Petite France, vorbei an den Pont Couverts und dem Vauban-Wehr, durch das wilhelminische Viertel „Neustadt" bis hin zum Europaviertel. Alternativ kann man ab dem Palais Rohan in einer fünfzehnminütigen Bootsfahrt direkt zur Anlegestelle in der Nähe des Europaparlaments fahren und dort aussteigen.

Nach dem Passieren des Sicherheitskontrollbereichs nimmt ein Mitarbeiter des Parlaments die Gäste in Empfang und führt sie durch die Räumlichkeiten des Gebäudes. Das Highlight ist der Plenarsaal, wenn dort die Abgeordneten diskutieren. Sollte am Besuchstag keine Sitzung stattfinden, lohnt sich ein Abstecher in das Parlamentarium Simone Veil. In dem modernen Besucherbereich erhält man einen umfassenden Einblick in die Arbeit der Abgeordneten. Spannend ist insbesondere das 360°-Panorama-Kino, das über die heutigen Herausforderungen der Europäischen Union informiert.

- Batorama, Ticketverkauf: 18 Place de la Cathédrale, Ablegestelle: An der Ill zwischen Place du Marché aux Poissons/Terrasse Rohan, 67000 Strasbourg, Tel. +33 3/69 74 44 04, batorama.com/de
- ÖPNV: Haltestelle Langstross/Grand'Rue, 4 Minuten Fußweg

Alles (leckerer) Käse!

36 Fromagerie Haxaire

„Wie soll ich ein Land regieren, in dem es mehr Käsesorten als Tage gibt?", soll Charles de Gaulle einmal gesagt haben. Tatsächlich ist die riesige Vielfalt der französischen Käsesorten beeindruckend. Selbstverständlich kann auch das Elsass mit mehreren leckeren Käsespezialitäten aufwarten. Eine der bekanntesten von ihnen ist der aus dem Vallée de Munster (Münstertal) stammende Munster. Wie dieser Weichkäse hergestellt wird, kann man in der Fromagerie Haxaire erfahren. Ein Rundgang führt durch eine gläserne Produktion. Von der Milchannahme bis zur Verpackung sehen Besucher sämtliche Arbeitsschritte der bemerkenswert aufwendigen Herstellung des Munsters. Dreisprachige Tafeln und Kurzfilme halten interessante Infos bereit.

In Kleinkäsereien wie der Fromagerie Haxaire wird der Munster noch traditionell mit der Rohmilch des Vogesenrinds produziert. Letzteres ist eng mit elsässischen Burgruinen verknüpft. Warum? Es handelt sich um schwedische „Spuren" im Elsass. Im 17. Jahrhundert führten schwedische Söldner, die nebenbei mehrere elsässische Burgen in Schutt und Asche legten, skandinavische Rinder in der Region ein. Die ansässigen Bauern züchteten diese zum robusten Vogesenrind weiter.

Nach der Besichtigung dürfen Besucher die aus der Milch des Vogesenrinds hergestellten Käseprodukte probieren: den Munster mit seinem markanten würzigen Geschmack – mit und ohne Kümmel, den Bergkaas mit seinem leichten Heidelbeeraroma und den würzig-aromatischen Fromage Mirabella mit der fruchtigen Mirabellennote. Ein Käse schmeckt leckerer als der andere. Wer auf den Geschmack gekommen ist, kann sich gleich vor Ort mit einem Käsevorrat eindecken oder ein elsässisches Restaurant aufsuchen. Munsterkäse findet man beispielsweise im traditionellen Eintopfgericht Baeckeoffe oder auf einer der vielen Varianten der Tarte flambée, des elässischen Flammkuchens. Das hätte auch Charles de Gaulle geschmeckt. Am besten zusammen mit einem Gewürztraminer.

- Fromagerie Haxaire, 333A La Croix d'Orbey, 68650 Lapoutroie, Tel. +33 3/89 47 50 76
- ÖPNV: Haltestelle Hachimette-Restaurant la Truite, 5 Minuten Fußweg

HAXAIRE
la tradition
du munster

Feierliches Versprechen

37 Château du Morimont

In der Burg Mörsberg (Château du Morimont) wurde Schweizer Geschichte geschrieben. Zumindest fast. 1826 leisteten hier Jura-Patrioten den Schwur, ihre Region von der Vorherrschaft Berns zu befreien. Der „Schwur von Morimont" wirkte nicht zugleich. Bis zur Gründung des Kantons Jura vergingen noch über 150 Jahre. Zu diesem Zeitpunkt lag die Burg Mörsberg bereits in Trümmern. Die im Jahr 1183 erstmals erwähnte Burg kontrollierte einst das Hochtal der Largue, einen Verbindungsweg zwischen dem Elsass und dem Jura.

Im Laufe ihrer Geschichte wechselte die Burg mehrmals den Besitzer. Unter anderem durften sich die Habsburger Herren von Mörsberg nennen. Beim großen Basler Erdbeben von 1356 erlitt die Burg wie viele andere Gebäude der Region schwere Beschädigungen. Ab dem 15. Jahrhundert kam es zu groß angelegten Erneuerungen und Umbauarbeiten, als Kanonen sich zunehmend in der Kriegsführung durchsetzten. Mächtige Rondelle sollten den Schutz der Burg verbessern. Dennoch war Mörsbergs Schicksal mit dem Aufkommen des Schießpulvers besiegelt. Im Jahr 1637 zerstörten französische Truppen die Burg. In der Folgezeit wurde die Burg zunehmend dem Verfall preisgegeben.

Seit 1901 kümmern sich die „Freunde von Morimont" um die Instandhaltung der Burgruine. Obwohl der Zahn der Zeit an der Burg genagt hat, sind die Strukturen immer noch klar erkennbar. Bemerkenswert ist Mörsberg aufgrund des Baumaterials. Die Burg ist im Elsass die einzige aus Kalkstein. Beeindruckend ist das gut erhaltene, über 50 Meter lange Kellergewölbe, das sich unter den ehemaligen Wohnanlagen befindet. Der schönste Platz der Burg ist aber der grüne Innenhof. Inmitten von Bäumen, mit Efeu überwachsenen Torbögen und Mauerresten können sich Besucher eine Auszeit gönnen – auf der grünen Wiese oder an einem Picknicktisch – und die Geschichte der Burg noch einmal vor dem geistigen Auge Revue passieren lassen. Spannende, bebilderte Info-Tafeln auf Deutsch und Französisch bieten dazu genügend Inspirationsmaterial.

● Château du Morimont, 68480 Oberlarg, Parkmöglichkeiten beim Hotel Le Morimont, Route des Ruines du Morimont, von dort aus beschilderter Fußweg durch den Wald

Tierische Flugshow

38 La Volerie des Aigles

Schmutzgeier Albert ist ziemlich clever. Mit seinem Schnabel sammelt er einen Stein auf und lässt ihn auf eine Eiernachbildung aus Gips fallen. Mit lässiger Routine wiederholt er diese Prozedur, bis er schließlich Erfolg und das Ei ein Loch hat. Ein paar Schnabelhiebe später kommt Albert an seine leckere Beute. Ziemlich beeindruckend. Doch nicht nur Albert, auch seine fliegenden Kollegen der Greifvogelwarte Volerie des Aigles weisen faszinierende Fähigkeiten auf.

Nach der Ankunft auf dem Parkplatz führt ein kurzer Spazierweg durch den Wald hinauf zur gut erhaltenen Ruine der Burg Kintzheim (Château de Kintzheim). Hier verbringen die Greifvögel der Volerie des Aigles die Sommermonate, bevor sie im Winter in eine große Voliere im Tal umziehen. Vor der Flugshow können Besucher die Stars genauer unter die Lupe nehmen. Mehrsprachige Infotafeln geben spannende Fakten über die Verhaltensweisen der Vögel und ihre Lebensräume preis. Bei der Gelegenheit sollte man auch die Burg erkunden. Insbesondere der romantische Innenhof mit seinen von Efeu bewachsenen Mauern wirkt bei entsprechendem Lichteinfall sehr atmosphärisch. Schön, dass es hier ein paar Tische und Stühle gibt, an denen man es sich bequem machen kann.

Absolut spektakulär ist die inmitten dieser Kulisse stattfindende rund 40-minütige Flugshow, in der der Falkner auf sehr unterhaltsame, humorvolle Weise zusammen mit seinen Mitarbeitern die unterschiedlichen Vögel präsentiert. Wenn der riesige Sibirische Uhu ganz knapp über die Köpfe der Besucher fliegt, geht ein Raunen durch die Menge. Immer wieder werden Freiwillige in die Demonstrationen mit eingebunden. So können sie sich etwa selbst als Falkner betätigen und einen der Vögel selbst starten und landen lassen. Nicht minder spannend sind die Milane, die während des Flugs Fleischstücke aus der Luft greifen, ein Komodor, der über die Beine der Besucher steigt, oder imposante Adler, die in der Höhe ihre Kreise ziehen und plötzlich hinabstürzen.

- La Volerie des Aigles, Château de Kintzheim, 67600 Kintzheim, Tel. +33 3/88 92 84 33, voleriedesaigles.com
- ÖPNV: Shuttlebus ab Gare de Selestat

Retro-Vibes & Pixel-Träume

39 Checkpoint

Es braucht nicht viel: ein paar Freunde, ein Controller, ein Spiel. Man lehnt sich zurück, lacht, ruft sich über den Bildschirm zu – und vergisst für eine Weile die Welt draußen. Hier zählt nur der Moment, in dem Mario über die Ziellinie fährt oder bei Street Fighter die letzten Treffer sitzen. Wer einmal hier war, weiß: Spielen ist mehr als Zeitvertreib – es verbindet.

Checkpoint ist ein Gaming-Pub. Eine Bar für alle, die sich für Spiele begeistern – nicht nur digital, sondern auch gemeinschaftlich. Beim Eintreten fällt der Blick nach rechts auf die Bar mit Zapfhähnen und Flaschen, nach links auf Bildschirme und Konsolen. Überall Figuren, Poster, LEDs. Das Gamerherz erkennt sofort vieles wieder. Und oben auf der Galerie geht es weiter: mit Sofas, Sitzecken, Fernsehern, GameCubes, PlayStations und Klassikern wie dem Nintendo 64. Gespielt wird allein oder gemeinsam – Action, Abenteuer oder Nostalgie. Der heimliche Star ist ein selbst gebautes Arcade-Gerät für Beat'em ups, bei dem man im Sekundentakt auf die Knöpfe hämmert, um sein virtuelles Gegenüber auf die Bretter zu schicken.

Dazu gibt's frisch gezapftes Bier – beliebt: das grüne, aromatische Bière du Sorcier –, alkoholfreie Klassiker wie Cola, Orangina oder Mineralwasser und kleine Snacks wie Baguette mit Käse. Wer bei der Auswahl der Spiele oder beim Starten der Konsole Hilfe braucht, bekommt Unterstützung direkt von der Bar – freundlich, geduldig und mit echter Spielfreude.

Geöffnet wird erst am späten Nachmittag, aber dann geht's richtig los. Ab 17 Uhr füllt sich der Raum, es wird lebendig, bunt, laut – aber nie ungemütlich. Es gibt regelmäßig Events: Blindtests, Karaoke, Quizabende, Rollenspielrunden oder Tattoo-Sessions. Manchmal sitzt man draußen in der Gasse, meist aber lieber drinnen – wo Musik und Screens eine eigene Welt erschaffen. Ein Glücksort für Gamer – oder alle, die einfach mal wieder einen richtig guten Abend haben wollen.

- Checkpoint, 1 Rue du Tilleuls, 68000 Colmar, Tel. +33 6/95 72 09 13
- ÖPNV: Haltestelle Colmar Vauban

5. TOAD 00
5. LUIGI 00
5. YOSHI 00
5. BOWSER 00

Zeitreise ins Mittelalter

40 Mittelalterfest Ferrette

Zwei Jahrhunderte lang regierten die Grafen von Pfirt (Ferrette) von ihrer Burg Hohenpfirt aus das südliche Elsass. Mit dem Tod des letzten Grafen im Jahr 1324 endete diese Epoche. Mehrmals wechselte die Burg den Besitzer. 1648 schenkte der französische König Ludwig XIV. Hohenpfirt seinem regierenden Minister Kardinal Mazarin und seinen Erben. Zu diesen gehörten auch die Grimaldis aus Monaco, dessen Fürst Albert II. noch heute den Titel eines Grafen von Ferrette trägt. Im Zuge der Französischen Revolution wurde die Burg schließlich von Bauern niedergebrannt.
Ein Besuch lohnt sich dennoch. Nach einem kleinen Fußmarsch an Fachwerkhäusern vorbei erreicht man in kürzester Zeit die Ruine, von der genügend Mauern und Gebäudereste erhalten sind, um im Geiste eine kleine Zeitreise zu unternehmen. Am besten geht das natürlich zusammen mit Unterstützung eines Mittelalterfestes. Alle 2 Jahre findet im Juni in Ferrette ein Spectacle médiéval statt. Dann reiten Ritter durch die Burgkulisse. Grimmig dreinblickende Wachen scheuchen Gaukler zur Seite und bahnen den Weg für adlige Herrscher. Musiker spielen fröhliche mittelalterliche Lieder. Kostümierte Frauen und Männer tanzen dazu ausgelassen. Edelmänner liefern sich beim Tjost oder im Schwertkampf packende Duelle um die Ehre. Auf einem Markt präsentieren mittelalterliche Handwerker und Künstler ihre außergewöhnlichen Fähigkeiten und Produkte. Höhepunkt des Festes ist ein Freilichttheaterstück. So gab es beispielsweise in der Vergangenheit die fesselnde Geschichte von Éloïse, einer jungen Frau, die sich in der mittelalterlichen, männlich dominierten Welt gegen alle Widerstände behauptet, oder eine unterhaltsame Geschichte rund um einen Herrscher, der seine Untertanen derart mit immer höheren Steuern schröpft, bis sie schließlich rebellieren. Aktuelle Bezüge zur Gegenwart sind vermutlich rein zufällig.

- Château de Ferrette, 38 rue du château, 68480 Ferrette, Tel. +33 3/89 08 23 88 ferrette-medievale.org
- ÖPNV: Haltestelle Gare Routière Ferrette, 5 Minuten Fußweg

Die neunte Kunstform

41 Tribulles

Wohl jeder kennt die Gallier Asterix und Obelix oder den Westernhelden Lucky Luke. Aber wie sieht es mit der berühmten Thriller-Serie XIII oder dem Fantasy-Epos Thorgal aus? In Deutschland sind vor allem die Comicserien einem größeren Publikum bekannt, die bei Kindern großen Anklang finden. Comics werden auf der anderen Seite des Rheins hauptsächlich als ein Medium für diese Zielgruppe wahrgenommen. Ganz anders verhält es sich in Frankreich und Belgien. Wer erstmalig eine französische Buchhandlung betritt, der dürfte erstaunt sein, wie viel Platz dort den Comics gewidmet ist. Allerdings sollte man nicht nach dem Begriff Comic suchen. In Frankreich wird das Medium Comic als *Bande Dessinée* (als Abkürzung auch BD oder *bédé*) bezeichnet. Den Begriff Comic verwendet man in Frankreich ausschließlich für Ausgaben aus den USA, also beispielsweise die bekannten Marvel-Comics wie Spider-Man, X-Men & Co.
Die *Bandes Dessinées* zeichnen sich häufig durch ein hohes Maß an Vielfalt und Qualität aus. Neben den klassischen Serien überwiegen Thriller, historische Geschichten, Science-Fiction-Serien und (politische) Satiren. Gerade historische und Science-Fction-Themen beinhalten gesellschaftskritische Aspekte. Der gestalterische Aufwand für die *Bandes Dessinées* ist häufig so groß, dass sie in Frankreich als eine eigene Kunstform, als *Neuvième* Art, angesehen werden. Eine Kunstform, die in Frankreich Millionen Anhänger findet. Ein besonders schöner Ort, um dieser Leidenschaft nachzugehen, ist das liebevoll geführte Fachgeschäft Tribulles in Mulhouse. Neben franko-belgischen Klassikern gibt es aktuelle Graphic Novels, Mangas, US-Comics, Sammlerfiguren und eine gut sortierte Auswahl an gebrauchten Ausgaben. Das Sortiment ist breit, die Beratung kenntnisreich und persönlich. Im vorderen Teil des Ladens lädt ein kleiner Cafébereich zum Verweilen ein – mit Kaffee, Tee, Cookies und Kuchen. Ein Ort zum Stöbern, Sitzen und Schmökern – ein Stück gelebter Comic-Kultur und zugleich eine Hommage an die neunte Kunstform.

- Tribulles, 15 Rue des Tanneurs, 68100 Mulhouse, canalbd.net/tribulles/, Tel. +33 3/67 94 12 68
- ÖPNV: Haltestelle Colmar République, 9 Minuten Fußweg

lewis trondheim
& j.c.menu
j.c.menu
Livret de Phamille
ROCHETTE
LUISA ici et là
La Lune est blanche
LUPUS
MACARONI!
MAGNUM GÉNÉRATION(S)
McCURRY, NY 11 SEPTEMBRE 2001
MAX WINSON
MEADOWLARK
ZONE DE CRISE
LES MEILLEURS ENNEMIS
MELVILE
XAVIER

Abschalten und genießen

42 Abbaye de Murbach

Murbach hat 150 Einwohner, ein Dutzend Katzen, ein Restaurant und eine äußerst beeindruckende Kirche. Wieso steht inmitten eines kleinen verschlafenen Ortes ein solch gewaltiges Bauwerk? Im Jahr 727 gründete der irische Wandermönch Pirminius dort mit Unterstützung des Grafen Eberhard von Elsass die Benediktinerabtei Murbach. Aufgrund zahlreicher Schenkungen und Privilegien entwickelte sich das Kloster zu einem kulturellen und politischen Zentrum im Elsass. Im 8. und 9. Jahrhundert legte die Abtei eine umfassende Bibliothek an. Mitte des 12. Jahrhunderts erfolgte von hier aus die Gründung der Schweizer Stadt Luzern. In diesem Zeitraum entstand auch die Klosterkirche Murbach, eines der ältesten und bedeutendsten romanischen Bauwerke im Elsass. Auf damalige Zeitzeugen muss die Kirche noch imponierender gewirkt haben. Heute stehen von ihr nämlich „nur“ noch das Querhaus, die beiden Türme sowie der Chor. Das Langhaus wurde 1739 für einen geplanten, aber niemals verwirklichten Neubau abgebrochen.

Das Innere der Kirche ist eher schlicht und nüchtern. Das aufgeschlagene Lektionar weist darauf hin, dass die letzte Messe – zumindest teilweise – auf Deutsch abgehalten wurde. Aus den Lautsprechern tönen lateinische Gesänge. Ansonsten Stille. Die Klosterkirche ist selbst in den „warmen“ Monaten ein Ort der Ruhe und Besinnlichkeit. Der schönste Platz liegt jedoch außerhalb des Bauwerks. Unweit der Kirche führt ein rund fünfminütiger Kreuzweg vorbei an Statuen und Bäumen zu einer Anhöhe. Dort befindet sich eine sehr sehenswerte, restaurierte Loretokapelle. Noch schöner ist allerdings der Ausblick auf die Klosterkirche, die umliegenden bewaldeten Berge und das Tal. In diesem Moment ist leicht nachvollziehbar, warum die Mönche diesen wunderschönen, abgeschiedenen Ort für die Gründung ihrer Abtei auswählten. Mehrere Sitzbänke laden zum Verweilen ein. Während der Wind durch die Bäume rauscht und Vögel zwitschern, hört man in der Ferne einen plätschernden Wildbach. Natur und Ruhe pur. Augen schließen und genießen!

● Abbaye de Murbach, 1 Rue de l'Église, 68530 Murbach

Der Geschmack von Heimat

43 La Stub

Knusprig, hauchdünn, am Rand leicht gebräunt. In der Mitte ein sanfter Belag aus Crème fraîche, Zwiebeln und Speck. Der Duft steigt auf, wenn der Flammkuchen frisch aus dem Ofen kommt – warm, würzig, vertraut. Wer einmal hineingebissen hat, versteht, warum diese Spezialität im Elsass nicht einfach ein Gericht ist, sondern ein Stück kulinarischer Kultur. Die Kombination aus Einfachheit und Raffinesse macht die *tarte flambée* zu einem Wohlfühlessen, das Menschen zusammen an einen Tisch bringt.

Ursprünglich wurde der Flammkuchen auf dem Land gebacken, um die Hitze des Holzofens für das Brotbacken zu testen. Ein dünner Teigfladen mit dem, was gerade da war: Speck, Zwiebeln, Rahm. Was damals pragmatisch begann, wurde im Laufe der Jahre zu einem echten Klassiker. Heute gibt es unzählige Varianten: vegetarisch, süß, mit Münsterkäse, Ziegenkäse, Lachs oder Apfel. Und dennoch bleibt die Urform mit Speck und Zwiebeln ein unübertroffener Liebling.

Wer diesen Klassiker in Perfektion genießen will, ist in La Stub in Colmar richtig. Das kleine, auf Flammkuchen spezialisierte Restaurant mitten in der Altstadt bietet eine große Auswahl – vom traditionellen Gratinée bis zur süßen Variante mit Apfel oder Streuseln. Der Teig ist hauchdünn, der Belag fein gewürzt und oft raffiniert kombiniert, etwa mit Munsterkäse, Ziegenkäse, Piment oder Waldhonig. Alles kommt frisch aus dem Steinofen und knusprig auf den Tisch. Dazu gibt's passende Weine und regionale Biere. Der kleine Gastraum versprüht gemütlichen Elsass-Charme – lebendig, herzlich, wie ein Abend unter Freunden. Bei schönem Wetter kann man auch draußen sitzen und das Treiben in der Altstadt beobachten. La Stub ist gleichermaßen bei Einheimischen und Besuchern beliebt. Wer sicher einen Platz möchte, sollte reservieren – oder ein wenig Glück mitbringen.

- La Stub, 72 Grand'Rue, 68000 Colmar, Tel. +33 3/89 24 12 33
lastub.com
- ÖPNV: Haltestelle Champ de Mars, 10 Minuten Fußweg

Energie tanken im Eichenwald

44 Chapelle Notre-Dame du Chêne

Wer den Ort Heimsbrunn auf der D166 in Richtung Burnhaupt-le-Bas verlässt, sollte den Fuß gleich wieder vom Gaspedal nehmen. Denn bei der Fahrt über die Departementstraße gibt es nach rund einem Kilometer die Chapelle Notre-Dame du Chêne zu entdecken. Am Waldrand liegt die kleine Kapelle, in der Dutzende Kerzenlichter brennen und die mit reichlich frischem Blumenschmuck dekoriert ist. Hauptattraktion ist eine hölzerne Statue von Maria mit dem Christuskind auf dem Arm. Immer wieder halten Autos, verweilen Menschen für einige Minuten an dem atmosphärischen Ort. Einige ruhen einfach nur in ihren Gedanken, andere zünden eine Kerze an. Neben der Kapelle mit dem auffällig spitzen Giebel steht eine Mauer für Votivgaben. Blumen, Ketten und Grafittafeln, Danksagungen an Maria und Allah, Tafeln auf Französisch und Vietnamesisch. Die Chapelle Notre-Dame du Chêne ist ein Ort des Friedens und der Eintracht.

Im frühen 19. Jahrhundert erschuf ein unbekannter Künstler die hölzerne Marienstatue mit Kind. In der Folgezeit war die Statue in einer jahrhundertealten Eiche zu Hause – bis ins Jahr 1947, als ein Blitz die Eiche zerstörte. Als Ersatz bauten die Einwohner von Heimsbrunn die kleine Kapelle, in der die Statue ein neues Heim fand. Den nächsten Schicksalsschlag gab es 1982, als Unbekannte die hölzerne Figur stahlen. Die heute gezeigte Statue stammt aus dem Jahr 1983.

Die Chapelle Notre-Dame du Chêne ist nicht nur ein herrlicher Ort zum Verweilen und Gedankensammeln, sondern auch Ausgangspunkt eines erholsamen Spaziergangs durch den benachbarten Wald. Für den über 4 Kilometer langen Rundweg vorbei an mächtigen Eichen sollte man etwas mehr als eine Stunde einplanen. Sehenswert ist auch die auf der gegenüberliegenden Seite in rund 100 Metern gelegene riesige Eiche, die angeblich 700 Jahre alt sein soll und bezüglich der Lebenserfahrung mit mancher elsässischen Burg konkurrieren kann.

● Chapelle Notre-Dame du Chêne, D166 zwischen Heimsbrunn und Burnhaupt-le-Bas, 68990 Heimsbrunn

DAME DU CHENE

Traubenglück in Panoramabar

45

Cattin Voegtlinshoffen

Die Route des Vins d'Alsace ist eine der ältesten Touristenstrecken im Elsass. Auf rund 170 Kilometern führt die elsässische Weinstraße durch Weinbaugebiete und kleine Dörfer. Eines davon ist Voegtlinshoffen (Vögtlinshofen). Hier baut die Familie Cattin seit dem Jahr 1720 Wein an. Inzwischen bewirtschaftet das Gut rund 90 Hektar Rebfläche – damit zählt Maison Cattin zu den größten familiengeführten Weinbaubetrieben im Elsass. Neben dem klassischen Weinbau hat sich die Winzerfamilie seit einigen Jahren dem Weintourismus verschrieben. So bietet sie etwa abwechslungsreiche Führungen durch die Weinberge an – wahlweise zu Fuß, mit dem Fahrrad, dem E-Bike oder dem Segway. Die Gäste erhalten dabei nicht nur schöne Ausblicke, sondern auch einen spannenden Einblick in die Arbeit der Winzer.

TIPP

Zum Wein gibt es sehr leckere unterschiedliche Brotzeitteller.

Für sportlich weniger Ambitionierte gibt es eine Weinverköstigung sowie einen Besuch des Weinkellers. Nach einem kurzen Spaziergang durch Voegtlinshoffen beginnt die Visite in dem traditionellen Weinkeller. Die Weinfässer mit ihren 10.000 Liter Fassungsvermögen sind äußerst bemerkenswert. Noch beeindruckender ist jedoch, dass tatsächlich jemand regelmäßig durch eine winzige Luke in diese Fässer kriecht und sie reinigt. Während der Führung erfahren Besucher jede Menge spannende Infos über die hauseigene Herstellung und den Weinbau im Allgemeinen. Höhepunkt ist schließlich die Degustation im modernen „Glaspalast" des Hauses Cattin. In einer Panoramabar genießen Besucher die verschiedenen Weinproben und die herrliche Rundumaussicht auf die Vogesen, die Weinberge, die Rheinebene sowie den Schwarzwald. Auch ein zweiter, dritter oder vierter Besuch lohnt sich. Am besten bei gutem Wetter, wenn man bei Sonnenschein auf der Dachterrasse die Seele baumeln lässt und sich an der wunderschönen Atmosphäre erfreut.

- Cattin Voegtlinshoffen, 35 Rue Roger Frémeaux, 68420 Voegtlinshoffen, Tel. +33 3/89 49 30 21, cattin.fr
- ÖPNV: Haltestelle Bacchus

Der heilige Berg des Elsass

46 Abbaye de Hohenburg auf dem Mont Sainte Odile

Schon von Weitem ist das Kloster Hohenburg auf dem 763 Meter hohen Mont Sainte-Odile (Odilienberg) sichtbar. Seine Namensgeberin ist Odilia, Schutzpatronin des Elsass und des Augenlichts. Als sie im Jahr 660 blind zur Welt kam, wollte ihr Vater, Herzog Eticho, sie der Legende nach töten lassen. Doch Odilias Mutter überzeugte den Vater, die Tochter zu verschonen und sie stattdessen in ein Kloster zu schicken. Als Odilia im Alter von 12 Jahren getauft wurde, erlangte sie angeblich auf wunderbare Weise das Augenlicht zurück. Nach der Versöhnung mit ihrem Vater schenkte dieser ihr den Odilienberg. Um das Jahr 700 gründete Odilia dort ein Frauenkloster und wurde dessen erste Äbtissin.

Der schönste Platz liegt im Nordosten der Klosteranlage. Hier befindet sich neben einem kleinen, im Frühjahr und Sommer herrlich bunten Garten, eine bemerkenswerte Sonnenuhr. Im 18. Jahrhundert entwarfen Mönche des Klosters Neuburg im Elsass die Uhr. Sie zeigt nicht nur die örtliche Sonnenzeit, sondern darüber hinaus auch die babylonische, italienische, antike sowie die Zeit verschiedener Erdregionen. Damit ist sie weltweit einzigartig. In unmittelbarer Nähe befinden sich die dem Erzengel Michael geweihte Engelskapelle sowie die über einem alten Kultplatz erbaute Tränenkapelle. Besonders schön ist der Ausblick auf die Rheinebene, auf Straßburg und die umliegenden Gemeinden. Bei gutem Wetter reicht der Blick bis zum Schwarzwald. Auch die heilige Odilie scheint den Ausblick zu schätzen. Ihre eindrucksvolle, überlebensgroße Statue auf dem Klosterturm ist nach Osten Richtung Rheinebene ausgerichtet.

Der „heilige Berg des Elsass" ist die meistbesuchte Wallfahrtsstätte der Region. Dementsprechend muss man in den warmen Monaten, insbesondere am Wochenende, mit einem hohem Besucheraufkommen rechnen. Trotz angebrachter Hinweistafeln nehmen es einige Besucher mit dem Gebot der Stille nicht immer so genau. Ruhe und Gelassenheit findet man außerhalb dieser Hauptbesuchszeiten, zum Beispiel in den frühen Morgenstunden.

- Abbaye de Hohenburg, Mont Sainte Odile, 67530 Ottrott, Tel. +33 3/88 95 80 53 mont-sainte-odile.fr
- ÖPNV: Haltestelle Mont Sainte Odile

Auf Schatzsuche

47 Bibliothèque Humaniste

Sélestat (Schlettstadt) war einst ein Zentrum des deutschen Humanismus. Hier wirkten Humanisten wie der Reformator Martin Bucer und Beatus Rhenanus. Letzterer wurde am 22. August 1485 in Sélestat geboren. Sein Vater ermöglichte Beatus eine Ausbildung an der angesehenen und für ihre Zeit modernen Lateinschule von Sélestat. Nicht Auswendiglernen, sondern die kritische Auseinandersetzung mit klassischen, lateinischen Texten sowie die Diskussion der Inhalte mit dem Lehrer standen auf dem Stundenplan. Beatus Rhenanus entwickelte sich zu einem der bedeutendsten Humanisten, hatte Kontakte zu Martin Luther, pflegte eine jahrzehntelange Brieffreundschaft mit Erasmus von Rotterdam und legte eine umfangreiche Bibliothek an. Als Beatus Rhenanus 1547 starb, vermachte er seine Bücher seiner Heimatstadt. Diese bilden neben der sogenannten „Schlettstädter Pfarrbibliothek" den Kernbestand der Bibliothèque Humaniste („Humanistenbibliothek"). Beim Betreten der Bibliothek ergreifen den Besucher Ehrfurcht und Demut, aber auch ein Hochgefühl angesichts dieser Bücherschätze aus einer der wichtigsten und unsere heutige Gesellschaft so prägenden Epoche der europäischen Geschichte. 2018 wurde die in einer ehemaligen Kornhalle untergebrachte Bibliothek komplett modernisiert und das museale Konzept dem 21. Jahrhundert angepasst. An interaktiven, mehrsprachigen Bildschirmen erhält man spannende Infos über die Renaissance, den Humanismus und die Lateinschule im Speziellen. An einem anderen Monitor dürfen Besucher durch das Schulheft des jungen Beatus Rhenanus blättern und erhalten teils erhellende, teils humorvolle Erläuterungen. Die in den Vitrinen ausgestellten Bücher sowie die kurzweiligen Texte auf den Infotafeln nehmen Besucher mit auf eine beeindruckende Reise in die Gedankenwelt der Humanisten und der Renaissance. So sieht man nicht mehr nur die Bücher, bloße Objekte, sondern auch die Menschen, ihre Gefühle und rationalen Gedanken dahinter. Ein wahrhaftiger Schatz menschlichen Wissens!

● Bibliothèque Humaniste, 1 Place Docteur Maurice Kubler, 67600 Sélestat, Tel. +33 3/88 58 07 20, bibliotheque-humaniste.fr/de
● ÖPNV: Haltestelle Vanolles, 7 Minuten Fußweg

Die mystische Heidenmauer

48 Mur Païen

Stille. Außer dem gelegentlichen Krächzen eines Raben und dem sanften Rauschen des Windes in den hohen Baumkronen ist nichts zu hören. Kein Mensch weit und breit. Nur die Natur. Der Weg führt über holpriges Gelände, vorbei an großen moosbewachsenen Felsen. Dann plötzlich taucht es auf. Ein Relikt menschlicher Baukunst. Die Heidenmauer *(Mur Païen)*. Die aus grob behauenen Quadern erbaute Mauer war ursprünglich 3 bis 5 Meter hoch sowie zwischen 1,60 und 1,80 Meter breit. Bemerkenswert: Die Steinblöcke wurden mit schwalbenschwanzförmigen Holzklammern verbunden. Die Heidenmauer ist rund 10 Kilometer lang und umschließt den gesamten oberen Teil des Berges. Wozu diente diese Mauer? Zur Verteidigung? Zur Eingrenzung einer Kultstätte? Das ist für die Archäologie bis heute ein Rätsel. Selbst das Konstruktionsdatum der Mauer ist umstritten. Von der späten Bronzezeit bis zum Frühmittelalter gibt es verschiedene Theorien unter den Forschern.

Gerade der Umstand, dass es mehr Fragen als Antworten gibt, macht die Heidenmauer, die ihren Namen einst vom elsässischen Papst Leo IX. erhielt, zu einem mystischen Ort. Zudem bietet sich hier ein schöner Wanderweg. Unmittelbar vor dem Eingang zum Kloster Sainte Odile, beginnt auf der rechten Seite ein Rundweg (gelbes X). Der steinige Pfad führt vorbei an mit Flechten bewachsenen, mehrere Hundert Jahre alten Bäumen sowie mit Moosen überzogenen Felsen und der Heidenmauer. Eine bizarre, aber auch sanfte und ruhige Welt. Ganz automatisch beginnt hier das Kopfkino vor der sagenumwobenen Kulisse. Der weitere Weg führt vorbei am Maennelstein, der eine wunderbare Aussicht auf die Rheinebene bietet, den beeindruckenden Dolmen der Grotte des Druides, den Überresten der Burgruine Hagelschloss, den gigantischen Buntsteinfelsen Rocher géants, der Grotte d'Etichon (benannt nach dem Vater der Klostergründerin St. Odile) und dem „Rocher d'Oberkirch", an dessen größerem Felsüberhang die prähistorische Zeichnung eines Wildschweins zu sehen ist.

- Mur Païen, Mont Sainte Odile, 67530 Ottrott
- ÖPNV: Haltestelle Mont Sainte Odile

Auszeit am Brunnen

49 Rathausplatz in Bœrsch

Am Fuße des Odilienbergs liegt inmitten einer sanft-hügeligen Weinlandschaft, dem „Piemont der Vogesen“, und eingezwängt zwischen seinen Festungsmauern das kleine, attraktive Städtchen Bœrsch mit seinen 2400 Einwohnern. Die Stadtmauer, die überwiegend aus aneinandergereihten Hausfronten besteht, weist noch drei Tortürme aus dem 14. bis 16. Jahrhundert auf, durch die man Bœrsch betritt. Schmale, verwinkelte Gassen schlängeln sich durch den pittoresken Ort. Der Stil der Renaissance und imposante Fachwerkhäuser prägen das Bild von Bœrsch. Bei einer Erkundungstour kann man an den Häusern die Zunft- und Wahrzeichen bewundern. Besonders hervorzuheben sind das beindruckende Haus des Deutschritterordens aus dem Jahr 1499 sowie die im Jahr 1626 erbaute Ratsstube.
Highlight des Ortes ist der kleine, zentrale Platz mit dem Sechs-Eimer-Brunnen. Der prachtvolle, reichlich verzierte und mit Figurenschmuck ausgestattete Brunnen stammt aus dem Jahr 1617. Die drei Säulen des Brunnens werden von einem umfangreich verzierten Baldachin überspannt. Dass an den Ketten des Sechs-Eimer-Brunnens nur drei Holz-eimer hängen, mag man in diesem Fall nachsehen.
In der näheren Umgebung des schmucken Brunnes liegen die Kirche St. Médard mit einer Mariensäule sowie einer Statue des Heiligen Medardus von Noyon und das Mairie (Rathaus), ein schlichter, riesiger Renaissancebau aus dem Jahr 1572 mit Eckerker, Turm und Wendeltreppe. Mehrere Fachwerkhäuser runden die stimmungsvolle Szenerie an diesem Platz ab. Am besten genießt man das Ambiente auf der Terrasse des Restaurants Le Schtampfel, das neben delikaten traditionellen elsässischen Gerichten auch qualitativ gute, moderne französische Speisen anbietet. Von hier aus hat man eine wunderbare Aussicht auf die umliegenden mit Blumen geschmückten Bauwerke – unter anderem auch auf den Sechs-Eimer-Brunnen.

- Rathausplatz Bœrsch, Rue du Rempart, 67530 Bœrsch
  boersch.net
- ÖPNV: Haltestelle Lavoir Bœrsch, 5 Minuten Fußweg

Picasso im Industriegebiet

50

Musée Würth

Die Location ist außergewöhnlich. Mitten im Industriegebiet der Kleinstadt Erstein liegt das Kunstmuseum Musée Würth. Der überraschende Standort hat einen plausiblen Grund. Hier in Erstein befindet sich der französische Firmensitz der Würth-Gruppe. Sein Oberhaupt, der deutsche Industrielle Reinhold Würth, hat sich nicht nur einen Namen als Geschäftsmann, sondern auch als passionierter Kunstsammler gemacht und an zahlreichen Firmenstandorten in Europa Kunstmuseen gegründet – so auch 2008 in Erstein.

Direkt neben dem Firmensitz steht das Musée Würth, ein etwas unscheinbar wirkender Bau aus Glas und Sichtbeton. Doch bekanntlich zählen die inneren Werte.

Auf 800 Quadratmetern zeigt das Museum zweimal jährlich wechselnde Ausstellungen mit bedeutenden zeitgenössischen Werken aus der Sammlung Würth. Das Besondere: Die Sammlung umfasst über 20.000 Werke mit thematischen Schwerpunkten auf Expressionismus, Surrealismus sowie abstrakter Malerei und zählt zu den bedeutendsten Kunstsammlungen der Welt. Dementsprechend beeindruckend sind Vielfalt und Qualität der Ausstellungen. Von Werken des englischen Bildhauers Anthony Caro über Bilder der Malerin Hélène de Beauvoir bis hin zu Werken junger namibischer Künstler und des portugiesischen Pop-Art-Künstlers José de Guimarães zeigt das Museum eine weite künstlerische Bandbreite. Inmitten dieser großartigen Kunstschätze, in hellen Räumen mit klarer Architektur, herrscht eine unglaublich positive Atmosphäre. Ein Wohlfühlort, wie man ihn sonst fast ausschließlich in Großstädten findet, aber nicht im Industriegebiet einer elsässischen Kleinstadt erwarten würde. Abrunden lässt sich der Besuch mit einem Spaziergang durch den sympathischen museumseigenen Park.

TIPP

Das Portemonnaie benötigt man nur für die Cafeteria, da der Eintritt frei ist.

- Musée Würth Erstein, Zone Industrielle Ouest, Rue Georges Besse, 67150 Erstein, Tel. +33 3/88 64 74 84, musee-wurth.fr
- ÖPNV: Gare d´Erstein, 10 Minuten Fußweg

Kulinarisches Potpourri

51 Marché Couvert

An den Ufern des Quai de la Poissonnerie in Colmar, zwischen Petite Venise (Klein-Venedig) und dem Quartier des Tanneurs (Gerberviertel), wohnten einst die Fischer in den Fachwerkhäusern. Hier verkauften sie ihren Fang – zunächst direkt vom Boot oder an Ständen, ab 1865 dann zusätzlich in einer neu errichteten Markthalle: dem Marché Couvert. Das vom Architekten Louis-Michel Boltz aus Sandstein errichtete Gebäude hebt sich mit seinem ziegelgedeckten Dach und den riesigen roten Fensterläden optisch deutlich von den umstehenden Fachwerkhäusern ab. Im Inneren trägt ein rotes auf Säulen gestütztes Stahlgerüst das Dach der Markthalle, die mit ihrer markanten Bauweise spürbar die Atmosphäre des Second Empire unter Kaiser Napoleon III. vermittelt.

Seit ihrem Bestehen wurde die sehenswerte Markthalle teilweise zweckentfremdet, unter anderem als Garage für Autos. Seit einer Renovierung im Jahr 2010 dient sie wieder ausschließlich ihrer ursprünglichen Bestimmung. Im Marché Couvert warten rund 20 Verkaufsstände auf Besucher. Qualität und Vielfalt sind hier Trumpf. Es gibt Obst und Gemüse, Fleisch, Wurstwaren, Fisch, Käse, Backwaren, Wein, französische sowie lokale elsässische Spezialitäten. Es ist ein Genuss, einfach durch die Markthalle zu bummeln, dem Treiben zuzuschauen, die Gerüche wahrzunehmen und die verschiedenen Stände zu entdecken. Alles wird optisch einladend dargeboten. Ein Fest für Feinschmecker. Natürlich darf man die Köstlichkeiten vor einem Kauf auch selbst probieren. Neben den Verkaufsständen laden einige kleine Cafés und Bistros zum Verweilen ein. Am besten genießt man die kulinarische Pause auf der Kanalseite. Früher legten hier die Händler mit ihren Booten an, luden ihre Waren aus und brachten sie direkt in die Markthalle. Heute können Besucher auf einer Terrasse sitzen, unter der elsässischen Sonne einen Flammkuchen essen und den Ausblick auf die Lauch und die malerischen Fachwerkhäuser genießen.

- Marché Couvert, 13 Rue des Écoles, 68000 Colmar
  marche-couvert-colmar.fr
- ÖPNV: Haltestelle Champ de Mars, 10 Minuten Fußweg

Saveurs
SORTIE

Eine andere Welt

52 Vivarium du Moulin

Die Idee entstand 1988. Eine Gruppe von Zoologie-Studenten fasste den Plan, in einer Ausstellung das Sozialverhalten einer lebenden Ameisenkolonie zu zeigen. Das Projekt fand regen Zuspruch. Motiviert durch diesen Erfolg fassten die Freunde einen neuen Plan. Sie wollten einen Ort erschaffen, wo die Besucher unterschiedliche Insekten fast wie in freier Wildbahn beobachten können. Hintergrund dieser Idee war es, eine breite Öffentlichkeit für die Vielfalt des Lebens und den Reichtum von Flora und Fauna auf unserem Planeten zu sensibilisieren. Insekten sind zwar die mit Abstand artenreichste Klasse der Tiere. Mitunter nehmen wir Menschen diesen Fakt aufgrund der relativ geringen Größe der Insekten schlichtweg nicht wahr.

Einen kleinen Einblick in die riesige Vielfalt der Insektenwelt bietet das Vivarium du Moulin in Lautenbach Zell. In der ehemaligen Wassermühle aus dem 18. Jahrhundert, deren Eingang eine 4 Meter hohe Gottesanbeterin bewacht, wird heute kein Korn mehr gemahlen. Stattdessen bietet sie zahlreichen Insekten und Spinnen ein Zuhause. Die rund 60 Terrarien beherbergen unter anderem Schaben, beeindruckende Vogelspinnen, Grillen und faszinierende, blattähnliche Phasmiden. Sportlich Veranlagte dürfen sogar auf Tuchfühlung mit Ameisen & Co. gehen. Mehrere Insektarien verfügen über eine kleine Glaskuppel, die von unterhalb des Terrariums erreicht werden kann. Besonders Kindern bereitet dieser „Eintauchfaktor" natürlich viel Spaß.

Nicht alle Insekten leben in Terrarien. Im Garten der Wassermühle können Besucher im Frühling und im Sommer Insekten in freier Wildbahn beobachten. Neben der Ausstellung bietet das Vivarium du Moulin regelmäßig geführte Ausflüge in die Natur an. Ziel dieser Exkursionen ist eine Sensibilisierung für die Umwelt. Beispielsweise lernen Teilnehmer auf diese Weise die lokale Spinnenwelt und ihre Bedeutung für das Ökosystem kennen. Insekten haben oftmals einen schlechten Ruf. Nach einem Besuch im Vivarium du Moulin sieht man die kleinen Lebewesen mit völlig anderen Augen.

● Vivarium du Moulin, 6 Rue du Moulin, 68610 Lautenbach Zell,
Tel. +33 3/89 74 02 48, vivariumdumoulin.org

Seemannsgeschichten

53

Promenades en barques

In Colmar liegt südlich der Lauch das Quartier Krutenau. In dem ehemals ländlich geprägten Stadtviertel lebten einst die Gemüsehändler. Der schönste Teil von Krutenau ist ohne Frage das pittoreske Petite Venise (Klein-Venedig). Die beste Aussicht auf Petite Venise hat man von der Pont Saint-Pierre (Petersbrücke). Hier zeigt Colmar eine seiner romantischsten Seiten mit dem Ausblick auf die Lauch, die sich an bunten, verzierten Fachwerkhäusern entlangschlängelt, und dem dahinterliegenden Turm des imposanten Collégiale Saint-Martin (Martinsmünster). Gerade weil dieser Ort in Colmar so beliebt ist, sucht man ihn am besten nicht zu den touristischen Stoßzeiten auf. Oder noch besser: Man nähert sich Petite Venise vom Wasser her. Mit einer Bootsfahrt auf der Lauch.

Die Abfahrtsstelle befindet sich in der Nähe der Pont Saint-Pierre vor dem Restaurant Le Caveau Saint-Pierre. Von hier aus bieten Fährleute von März bis Oktober Fahrten auf der Lauch an. Rund ein halbes Dutzend Personen findet auf einem der kleinen Kähne Platz. Dann geht die Fahrt los. Leise tuckert das hölzerne Flachboot durch die Lauch. Es geht vorbei an den schmalen, hohen Fachwerkhäusern. Vom Fährmann ist zu erfahren, dass man anhand der Hausfarbe die Berufe der früheren Bewohner erkennen konnte. Der Schiffsführer weiß jede Menge spannende Details über sein Colmar und die Region zu berichten. So wurde etwa die Markthalle aus demselben Material wie das Straßburger Münster, eines der größten Sandsteingebäude der Welt, errichtet.

Von den Terrassen der Restaurants blicken Menschen interessiert herunter und planen vermutlich bereits ihre eigene Fahrt. Während lachende Kinder den Bootsinsassen zuwinken, geht die Visite weiter in grünere Bereiche Colmars – vorbei an Jugendstilhäusern mit üppigen Gärten und einem Mammutbaum (Sequoia), der 1856 im Geburtsjahr des „kleinen Prinzen" Louis Napoléon gepflanzt wurde. Rund 30 Minuten dauert die romantische und äußerst informative Fahrt, nach der man Colmar mit Sicherheit mit anderen Augen sieht.

● Promenades en barques, Abfahrt an der Saint-Pierre Brücke, Boulevard Saint-Pierre, 68000 Colmar, Tel. +33 3/89 41 01 94, barques-colmar.fr/de
● ÖPNV: Haltestelle Champ de Mars, 10 Minuten Fußweg

Alemannische Lebensfreude

54

Carnaval de Mulhouse

Auch in Frankreich kennt man die sogenannte fünfte Jahreszeit. Wie der Karneval beziehungsweise die Fastnacht gefeiert wird, ist allerdings unterschiedlich und ganz von der Region abhängig. In Straßburg vereint der 1995 entstandene Karneval Bräuche aus aller Welt. Traditioneller geht es allgemein im restlichen Elsass zu, unter anderem auch in Mulhouse (Mülhausen). Der dortige Karneval ist deutlich alemannisch geprägt. Neben bunten Umzugswagen ziehen verkleidete Musiker durch die Straßen. Mit ihren Blas- und Schlaginstrumenten sorgen sie für den markanten, kräftigen Rhythmus der Guggenmusik und typisch alemannisches Karnevalsflair. Einige der Gruppen kommen selbst aus dem benachbarten alemannischen Raum in Deutschland und der Schweiz. Bei herzlicher, ausgelassener Atmosphäre verabschieden Besucher und Teilnehmer gemeinsam den Winter und begrüßen die ersten Sonnenstrahlen des Frühlings.

Die Hauptattraktion des Karnevals ist der Waggis (oder auch Wackes). Dabei handelte es sich ursprünglich um eine eher abwertende, heute jedoch mehr scherzhaft gemeinte umgangssprachliche Bezeichnung für die elsässischen Nachbarn. Aus dem Begriff entstand eine Figur, welche sich zu einem elementaren Bestandteil der Basler Fasnacht sowie des Karnevals in Mulhouse entwickelt hat. Der Waggis stellt einen elsässischen Tagelöhner dar, der in seiner klassischen Version ein blaues Hemd, eine weiße Hose und ein rotes Halstuch trägt. Auffällig sind seine riesige, rote Nase, die üppige Haarpracht sowie der große lächelnde Mund. Der Waggis ist sowohl geliebt als auch gefürchtet. Während des Karnevalsumzugs gibt er sich als Schelm, der sich unter die Zuschauer mischt und sie mit Konfetti bewirft (oder es ihnen in die Kleidung stopft), aber auch Obst und Süßigkeiten verteilt. Letzteres kommt natürlich bei den Kindern sehr gut an. Der beste Ort zum Feiern ist im Übrigen der Place de la Réunion. Das ist der zentrale Platz zwischen historischem Rathaus und der Kirche Temple Saint-Étienne.

TIPP

Auf dem Place de la Réunion finden auch Veranstaltungen wie etwa der Weihnachtsmarkt statt.

● Carnaval de Mulhouse, Place de la Réunion, 68100 Mulhouse
● ÖPNV: Haltestelle République, 5 Minuten Fußweg

ALTKIRCH
WAGGIS

Romantisches Panorama

55

Barrage Vauban

Der unter König Ludwig XIV. dienende Sébastien Le Prestre de Vauban war ein genialer Festungsbaumeister und gilt zu Recht als der bedeutendste Militärarchitekt der Barockzeit. Insbesondere im Elsass, das im 17. Jahrhundert in den Besitz von Frankreich überging, gibt es neben seinem Hauptwerk, der Festungsstadt Neuf-Brisach (Neu-Breisach), zahlreiche Vauban-Projekte zu bestaunen. Eines davon ist die Barrage Vauban, ein 120 Meter langer, befestigter Staudamm, der 1690 nach den Plänen Vaubans errichtet wurde. Im Falle einer Belagerung konnten die Schleusen geöffnet werden, um das südliche Umland Straßburgs zu überfluten und einen Angriff über diese Seite unmöglich zu machen. Tatsächlich geschah dies im Deutsch-Französischen Krieg 1870/71.
Heute hat das Vauban-Wehr seinen militärischen Charakter verloren. Von der 1966 auf dem Dach des Staudamms erbauten begrünten Panoramaterrasse hat man eine herrliche Aussicht auf den Fluss Ill, die *Ponts Couverts* („überdachte Brücken") mit ihren Türmen, das Straßburger Münster und die malerischen Fachwerkhäuser des Viertels Petite France. Fotografen bietet sich hier ein perfektes Postkartenmotiv. Erholungssuchende können sich nach dem hektischen Treiben in der Altstadt eine Auszeit gönnen und dem lebhaften Treiben aus einiger Entfernung zuschauen, während auf der Ill Enten ihre Kreise ziehen und gelegentlich Batoramaboote vorbeischippern. Besonders abends, wenn die Bauwerke angestrahlt werden, ist die Atmosphäre hier oben traumhaft. Übrigens: Der Name der Brücken verwundert natürlich zunächst. Schließlich haben sie gar kein Dach. Hatten sie aber einmal – bis ins 18. Jahrhundert. Zusammen mit den beeindruckenden mittelalterlichen Türmen waren sie Teil der Straßburger Befestigungsanlage.
Das Barrage Vauban ist nicht nur eine herrliche Panoramaterrasse, sondern auch ein wichtiges Verbindungsstück. Wer vom Bahnhofsviertel Quartier de la Gare ins La Petite France möchte, kann hierfür den Durchgang innerhalb des Staudamms nutzen.

● Barrage Vauban, Place du Quartier Blanc, 67000 Strasbourg

Techno im Kloster

56 Les Dominicains de Haute-Alsace

Das Dominikanerkloster in Guebwiller (Gebweiler) hat in seiner über siebenhundertjährigen Geschichte jede Menge erlebt. Blütephasen, aber auch Zeiten der Umbrüche und Konflikte. Während der Französischen Revolution verlor das Gebäude seine religiöse Funktion und ging in den Besitz des Staates über. Das Kloster diente als Pferdestall, Markthalle und als Lazarett. Im Jahr 1836 erwarb der Großindustrielle und Musikliebhaber Jean-Jacques Bourcart das ehemalige Kloster und schenkte es der Stadt Guebwiller. Er hatte die Vision, die ehemalige Kirche für musikalische Veranstaltungen zu nutzen. Am 22. Dezember 1838 fand – initiiert von Bourcart – das erste Konzert statt. Aufgrund der dominikanischen Regeln von 1228 durfte die Kirche nicht höher als 30 Meter, die Decke nicht aus Stein gebaut sein – ausgenommen der Chor und die Sakristei. Tatsächlich ist die Kirche 21 Meter hoch und verfügt über ein Holzdach. Die Architektur des Gebäudes ermöglicht eine ganz außergewöhnliche Akustik – perfekt für einen Konzertsaal.

Zu den bemerkenswertesten Künstlern, die seitdem in Guebwiller auftraten, gehörten unter anderem die Elsässerin Margarethe Stockhausen, eine der berühmtesten Sopranistinnen des 19. Jahrhunderts, die deutsche Pianistin Clara Schumann sowie die amerikanisch-schwedische Opernsängerin Barbara Hendricks. Auch renommierte Orchester fanden hier eine Bühne. Les Dominicains bietet neben Theaterstücken vor allem ein vielfältiges musikalisches Programm: von Klassik über Jazz und mittelalterliche Musik bis hin zu elektronischen Klängen. Ein Konzert inmitten dieser historischen, spirituellen Kulisse ist ein unglaubliches Erlebnis, wenn harte Elektro-Beats und stimmungsvolle Lichtprojektionen das ehemalige Kirchenschiff in ein Meer der Sinne verwandeln oder klassische Klänge von Bach die ausgezeichnete Akustik des Gebäudes zur Geltung bringen. Originell: Les Dominicains zeigt sich immer wieder experimentierfreudig. So können Besucher etwa im Hochchor auf den Liegen und Matratzen den Konzerten unten im Kirchenschiff lauschen.

● Les Dominicains de Haute-Alsace, 34 Rue des Dominicains, 68500 Guebwiller, Tel. +33 3/89 62 21 82, les-dominicains.com/drapeau-de
● ÖPNV: Haltestelle Parc de la Marseillaise

Brezel-Workshop

57

Patisserie Willy

Die Brezel ist das im deutschen Sprachraum am meisten verbreitete Gebildbrot. Aber wer hat's erfunden? Einer Legende nach wurde ein schwäbischer Bäcker von seinem Landesherrn zum Tode verurteilt, erhielt aber noch eine zweite Chance. Er sollte ein Gebäck erschaffen, durch das die Sonne dreimal scheint. Als seine Frau verzweifelt mit verschränkten Armen betete, kam ihm die Idee. Die Brezel war geboren. Die älteste grafische Darstellung der Brezel stammt jedoch aus dem Elsass. In der im 12. Jahrhundert verfassten Enzyklopädie Hortus delicarium der Äbtissin Herrad von Landsburg zeigt eine Illustration die Brezel als Bestandteil eines königlichen Festmahls.

Wie dieses majestätische Gebäck hergestellt wird, können Interessierte im Städtchen Munster erlernen. Dort bietet Willy Fritsch in seiner Patisserie Willy in den Sommermonaten für Gruppen ab zehn Personen einen Brezel-Workshop an. Nach der obligatorischen Hygiene gibt Willy einen historischen Überblick über die Geschichte der Brezel. Dann kann es losgehen. Nach dem Ausrollen zeigt Willy Fritsch die einzelnen Schritte beim Zusammenlegen der Brezel. Das sieht bei ihm ziemlich einfach aus. Die Workshop-Teilnehmer brauchen hingegen noch etwas Übung. So schnell fällt kein Brezel-Meister vom Himmel. Schließlich taucht Willy Fritsch die Brezel in Laugenwasser und schiebt sie dann in den Backofen. Natürlich dürfen die Teilnehmer hinterher ihre leckeren Eigenkreationen probieren.

Willy Fritsch bietet nicht nur Brezel-Workshops an. An Ostern lässt er Hobby-Bäcker an seinem Wissen über die Herstellung von Lammele (einem Gebäck in Lammform) teilhaben. An Weihnachten weiht er Interessierte in die Geheimnisse der Bredele (elsässische Weihnachtskekse) ein. Neben traditionellem Backwerk bietet die Patisserie Willy auch überraschende Eigenkreationen an. Eine seiner Spezialitäten: französische Macarons mit elsässischem Munster-Käse.

● Patisserie Willy, 22 A Rue de la République, 68140 Munster, Tel. +33 3/89 77 29 66
● ÖPNV: Haltestelle Munster Place du Marché

Straße ins Glück

58 Rue des Marchands

In der Colmarer Altstadt gibt es eine Vielzahl an herrlichen Fachwerkhäusern. In den kleinen Gassen inmitten der riesigen prächtigen Häuser spürt man förmlich die jahrhundertealte Geschichte. Ja, man glaubt sich fast auf eine Zeitreise ins 16. Jahrhundert zu begeben. Einer der malerischsten Orte hier ist die Rue des Marchands, in der sich zahlreiche sehenswerte Gebäude befinden. Das im Auftrag des reichen Tuchhändlers Claus Sattmann im 16. Jahrhundert errichtete Haus „Zum Kragen" (Hausnummer 9) besitzt eine detaillierte hölzerne Statue eines Händlers in zeitgenössischer Kleidung. Im Haus „Zum grienen Hüs" (Nummer 36) lebte einst Caspar Isenmann, Lehrer Martin Schongauers und bedeutender Maler, dessen Gemälde „Auferstehung Christi" im Musée Unterlinden ausgestellt ist.

Das wohl eindrucksvollste Gebäude befindet sich in der 11 Rue des Marchands. Dis Maison Pfister wurde 1537 für den wohlhabenden Hutmacher Ludwig Scherer erbaut, der seinen Reichtum nicht mit Hüten, sondern mit Silber aus dem Vallée de Sainte-Marie-aux-Mines erwarb. Das Pfisterhaus besitzt einen achteckigen Turm, einen Eckerker mit zwei Etagen und Holzgalerien. Besonders beeindruckend ist die Fassadenmalerei, die geistliche und weltliche Themen aufgreift. Das gegenüberliegende Gebäude in der Hausnummer 34, die Maison Schongauer, wird als Wohnhaus des bedeutenden Malers und Kupferstechers Martin Schongauer angesehen.

Die historische Kaufmannsgasse ist nicht nur ein Ort zum Erkunden und Staunen, sondern auch zum Shoppen und Schlemmen. Zahlreiche Geschäfte, Shops und Magazine befinden sich hier – von Klamotten-Boutiquen über Teehäuser bis hin zum Lebkuchenspezialisten Fortwenger und einem Bonbonladen mit süßen Verführungen in allen erdenklichen Formen und Farben.

- Rue des Marchands, 68000 Colmar
- ÖPNV: Haltestelle Champ de Mars, 5 Minuten Fußweg

Lady Liberty im Kreisverkehr

59

Statue de la Liberté

Hat sich diese Dame etwa verirrt? Was hat Lady Liberty, die New Yorker Freiheitsstatue, am nördlichen Ortseingang von Colmar verloren? Natürlich handelt es sich nicht um das Original, sondern um eine Kopie. Auf einem Hügel inmitten eines Kreisverkehrs steht eine Replik der weltberühmten New Yorker Freiheitsstatue. Gegenüber dem Original ist sie bedeutend kleiner und besteht nicht aus Kupfer, sondern aus Kunstharz. Aber die Frage bleibt: Wieso steht die „kleine Schwester" hier mitten im Elsass? Die Antwort: Ihr Schöpfer ist der in Colmar geborene Bildhauer Frédéric-Auguste Bartholdi. Viele Jahre schwebte Bartholdi die Idee einer Monumentalskulptur im Stil des Koloss vor. Anlässlich des einhundertjährigen Jubiläums der US-amerikanischen Unabhängigkeitserklärung konnte er dieses Herzensprojekt endlich umsetzen. Knapp 10 Jahre dauerte die Fertigung. Nach der Endmontage im Jahr 1884 in Paris wurde die Statue zerlegt und als Geschenk des französischen Volkes in die USA verschifft. 1886 fand in New York schließlich die Einweihungsfeier statt.

Anlässlich des hundertjährigen Todestages von Bartholdi stellte Colmar die Kopie im Norden der Stadt auf, um Bartholdi und das von ihm geschaffene Werk zu ehren. Damals wie heute ist Lady Liberty ein starkes, positiv besetztes Symbol für eine der wichtigsten gesellschaftlichen Errungenschaften: die Freiheit des Individuums. Bartholdis Schaffen ist heute noch in Colmar allgegenwärtig. Einige bemerkenswerte Beispiele: am Place Rapp die überlebensgroße Statue des napoleonischen Generals Jean Rapp, die Statue von Martin Schongauer beim Musée Unterlinden oder auch der Brunnen vor dem Koifhus mit der Statue des kaiserlichen Generals Lazarus von Schwendi. Sehenswert ist auch das Musée Bartholdi in seinem ehemaligen Geburtshaus in der 30 Rue des Marchands. Oder eben die Kopie der Freiheitsstatue. Hier kann man dann auch reichlich Erinnerungsfotos knipsen und die Daheimgebliebenen mit einem Motiv überraschen, das wohl kaum jemand im Elsass vermuten würde.

- Statue de la Liberté, Route de Strasbourg, 68000 Colmar
- ÖPNV: Haltestelle Statue de la Liberté, 5 Minuten Fußweg

JULY
IV
BELFORT
COLMAR
MUNSTER

Barockes Unikat

60

Abbatiale Saint-Maurice

Barockbauten sind im Elsass eine Seltenheit. Eine der wenigen Ausnahmen ist die ehemalige Klosterkirche St. Mauritius (Abbatiale Saint-Maurice) in der 500-Seelen-Gemeinde Ebersmunster (Ebermünster). Ihre Geschichte reicht bis in das 7. Jahrhundert zurück. Im Jahr 667 gründete der irische Bischof Deodat mit Reliquien des heiligen Mauritius ein Kloster auf den Trümmern eines römischen Tempels. Über die vorherigen Bauten ist nicht viel bekannt. Eine romanische Abteikirche wurde jedenfalls im 17. Jahrhundert während des Dreißigjährigen Krieges von schwedischen Söldnern zerstört. Nach einer notdürftigen Instandsetzung begannen die Arbeiten an einem Neubau, die im frühen 18. Jahrhundert durch den österreichischen Baumeister Peter Thumb nach dem sogenannten Vorarlberger Münsterschema durchgeführt wurden.

Die Kirche umfasst ein durch Pfeilerreihen getragenes, mit Rippenkuppeln überwölbtes Hauptschiff, ein leicht vorspringendes Querschiff sowie einen daran anschließenden, abgerundeten Chor. Im Gegensatz zum eher schlichten Äußeren steht die prunkvolle Innengestaltung der Kirche. Prächtige Verzierungen aus Stuck, Gold und Holz dominieren das Bild. Besonders außergewöhnlich ist der monumentale, mit Gold verzierte und von einem kronenförmigen Baldachin überdeckte Altar des Schlettstädter Bildhauers Johann Leonhard Meyer. Auffällig ist auch die detailreiche aus Holz gefertigte Statue des Samson aus Holz, die die Kanzlei trägt und dem aus dem Schwarzwald stammenden Künstler Clemens Winterhalder zugeschrieben wird. Die eindrucksvollen Deckengemälde von Tiroler Künstlern stellen den Heiligen Mauritius sowie den Heiligen Benedikt dar und fügen sich harmonisch in das Gesamtbild. Der Innenbereich wirkt sehr farbenfroh und hell und bildet damit einen positiven Kontrast zu so manchem, eher schwermütig wirkendem mittelalterlichen Sakralbau. Ein beeindruckendes, einzigartiges Zeugnis Vorarlberger Barockkunst im Elsass.

● Abbatiale Saint-Maurice, Rue du Général Leclerc, 67600 Ebersmunster

Der Sehnsuchtsort

61 Grand Ballon

Jedes Jahr am 1. Mai wiederholt sich das Schauspiel. Am Feiertag des keltischen Gottes Belenus geht über dem höchsten elsässischen Berg, dem Großen Belchen (Grand Ballon), die Sonne auf, wenn man vom kleineren Elsässer Belchen (Ballon d'Alsace) hinüberblickt. Der Große Belchen hatte bei den Kelten wohl eine zentrale Bedeutung. Zusammen mit vier weiteren Bergen gehörte er vermutlich zum sogenannten Belchen-System, der den Kelten als Sonnenkalender diente. Vom Elsässer Belchen aus gesehen, geht die Sonne am 21. März (Frühlingsanfang) und am 23. September (Herbstanfang) über dem Schwarzwälder Belchen auf, am 21. Juni (Sommersonnenwende) über dem Kleinen Belchen (Petit Ballon), am 22. Dezember (Wintersonnenwende) über dem Schweizer Belchen und am 1. Mai über dem Großen Belchen.
Keltische Astronomen sind heute auf dem Großen Belchen nicht mehr anzutreffen. Dafür aber im Sommer zahlreiche Menschen, die hier oben eine Abkühlung suchen. Wenn die oberrheinische Tiefebene bei Temperaturen über 30 Grad „kocht", herrschen auf dem Großen Belchen immer noch angenehm frische Temperaturen. Der Große Belchen ist nicht nur der höchste Berg des Elsass, sondern auch der Ort mit den durchschnittlich niedrigsten Temperaturen der Region. Der Temperaturunterschied gegenüber dem Tal beträgt rund 10 Grad. Zahlreiche landschaftlich sehr reizvolle Wanderwege führen über den Berg und um ihn herum. Besonders attraktiv ist der Weg am Lac de Ballon (Belchensee) vorbei. Erschöpfte Wanderer können sich im Restaurant La Vue des Alpes – am schönsten ist es auf der Terrasse – mit kalten Getränken und elsässischen Spezialitäten stärken. Wie der Name schon erahnen lässt, bietet sich von hier aus ein grandioser Ausblick auf die umliegenden Berge der Vogesen, die Rheinebene, den Schwarzwald und bei entsprechenden Wetterbedingungen bis zu den Schweizer und französischen Alpen. Einen tollen Aussichtspunkt findet man ebenfalls auf der Plattform, die sich auf dem Gipfel des Großen Belchen befindet.

● Grand Ballon, 68360 Geishouse
● ÖPNV: Bus Navette des Crêtes ab Cernay (Juli bis Mitte August)

Täglicher Weihnachtszauber

62 Féerie de Noël

Im Elsass haben weihnachtliche Brauchtümer eine lange Tradition. So auch der aus dem deutschen Sprachraum stammende festlich geschmückte Weihnachtsbaum. Eine der ältesten schriftlichen Erwähnungen des Weihnachtsbaums datiert ins Jahr 1521 und befindet sich in der Humanistenbibliothek von Sélestat. Ein Schriftstück aus dem Jahr 1539 erwähnt für das Weihnachtsfest einen geschmückten Baum im Straßburger Münster. Die Tradition der Weihnachtsmärkte reicht ebenfalls weit zurück. Der seit 1570 in Straßburg abgehaltene Christkindlsmärik ist der älteste und größte Weihnachtsmarkt Frankreichs. Zahlreiche Besucher aus nah und fern zieht es jedes Jahr zu den traditionellen elsässischen Weihnachtsmärkten. Kurzum: Das Elsass ist ein Weihnachtsland.

Allerdings beschränkt sich der weihnachtliche Zauber auf den Dezember. Oder auch nicht? In der malerischen Kleinstadt Riquewihr (Reichenweier) ist das ganze Jahr über Weihnachten. Genauer gesagt: in der Boutique Féerie de Noël. Das Fachgeschäft bietet ganzjährig eine Auswahl von über 20.000 Weihnachtsartikeln auf 300 Quadratmetern Fläche. Der Rundgang führt vorbei an Dekorationen wie schneebedeckten Fachwerkhäusern, weihnachtlichen Figuren und glitzernden Tannenwäldern. Magisch oder kitschig? Das liegt wohl im Auge des Betrachters. Beeindruckend ist jedenfalls die riesige Auswahl. Hier sollte jeder Weihnachtsfan fündig werden. Von Servietten über Christbaumkugeln, Räuchermännchen, Krippen, Tischdekorationen, Kerzenhaltern, Lichterpyramiden, Ausstechformen bis hin zu Schneekugeln und Kristallfiguren gibt es eine unglaubliche Fülle an Weihnachtsartikeln in allen erdenklichen Variationen. Schnäppchenjäger kommen allerdings nicht auf ihre Kosten. Die Preise sind eher überdurchschnittlich. Dafür sind die weihnachtlichen Accessoires allesamt qualitativ hochwertig.

- Féerie de Noël, 1 Rue du Cerf, 68340 Riquewihr, Tel. +33 3/89 47 94 02 feeriedenoel.fr
- ÖPNV: Haltestelle Poste Riquewihr, 5 Minuten Fußweg

Daneben ist's am schönsten

63 Straßburger Münster

Die Cathédrale Notre-Dame de Strasbourg (Liebfrauenmünster zu Straßburg) ist das Wahrzeichen von Strasbourg und eines der bedeutendsten Bauwerke des Elsass. Dem berühmten Gotteshaus nähert man sich am besten aus der Rue du Vieux-Marché-aux-Poissons. Sobald man in die Rue Merciére einbiegt, bietet sich ein wunderschöner „Tunnelblick" vorbei an Fachwerkhäusern auf die vom gotischen Stil geprägte Westfassade des Münsters mit ihrem beeindruckenden Harfenmaßwerk und dem 142 Meter hohen Nordturm, der das Gebäude bis ins Jahr 1874 zum höchsten der Welt machte. Besonders an Sommerabenden ist der Anblick der Westfassade faszinierend, wenn sie im Rahmen des Spectacle Son et Lumière in verschiedenen Farben angeleuchtet wird und die unterschiedlichen Strukturen des Gebäudes deutlich hervortreten.

Auf dem Platz vor der Westfassade gibt es zahlreiche Cafés und Restaurants, die im 15. Jahrhundert erbaute Maison Kammerzell (Haus Kammerzell) und Kartenverkäufe für die Schiffsrundfahrt „Batorama" sowie die Touristen-Bimmelbahn. Kein Wunder also, dass sich hier ziemlich viele Menschen tummeln. Erheblich ruhiger ist es dagegen auf dem südlichen Place du Château (vor dem Palais Rohan). Hier kann man auf einer der steinernen Bänke Platz nehmen, sich zurücklehnen und bei (hoffentlich) strahlendem Sonnenschein den Ausblick auf das Straßburger Münster genießen. Wenn dann auch noch ein Straßenmusiker spielt, ist der Moment nahezu perfekt.

Natürlich sollte man auch das Münster von innen besichtigen. Vor allem die Engelspfeiler, die einzigartige astronomische Uhr und die bezaubernden Buntglasfenster sind hervorzuheben. Bei der Gelegenheit bietet sich dann auch gleich ein Besuch der Turmplattform in 66 Metern Höhe an. Schon der junge Goethe empfahl Straßburg-Besuchern, zunächst die Stadt von oben zu betrachten. Von der Turmplattform aus hat man bei gutem Wetter einen großartigen Ausblick auf den Schwarzwald, die Vogesen, den Kaiserstuhl, das Jura – und natürlich auch auf Straßburg.

● Cathédrale Notre-Dame de Strasbourg, Place de la Cathédrale, 67000 Strasbourg
● ÖPNV: Haltestelle Langstross/Grand'Rue, 3 Minuten Fußweg

ZUZANA

Leben und leben lassen

64 Musée Judéo-Alsacien

Seit rund 2000 Jahren existiert im Elsass eine jüdische Gemeinde. Einen umfassenden Einblick in dieses Leben bietet das in einer ehemaligen Synagoge untergebrachte jüdisch-elsässische Museum in Bouxwiller (Buchsweiler). Das Musée Judéo-Alsacien nimmt die Besucher mit auf eine spannende, chronologisch aufgebaute Reise durch die Geschichte der elsässischen Juden, von der Einwanderung der ersten Juden im Zuge der Latinisierung der Region bis in die heutige Zeit. Zu dieser Geschichte gehören – nach damaligen Maßstäben – Toleranz und friedliches Miteinander. Im Mittelalter gab es in Straßburg eine blühende jüdische Gemeinde, die ein relativ unbehelligtes Leben führen konnte. Aber auch Hass schlug den jüdischen Mitmenschen – vor allem in Krisenzeiten – immer wieder entgegen.

Nach den Pestpogromen von 1349 wurden Juden aus vielen Städten vertrieben. In der Folge entwickelte sich ein lebendiges jüdisches Dorfleben, das im Zentrum der Ausstellung steht. Schule, Familie, Gemeinschaft, Arbeit, Glauben. Die Exponate geben einen tiefen Eindruck in das faszinierende jüdische Leben im Elsass. Verschiedene Videos runden die moderne Präsentation ab. Die Reise durch die Ausstellungsräume führt durch ein nachgebautes elsässisches Fachwerkhaus. Dort ist auf einem Balken der Ausspruch „Lewe und lewe lonn“ – „Leben und leben lassen“ eingeritzt. Eine schöne und wichtige Botschaft mit zeitlosem Charakter. Ein Plädoyer für kulturelle Vielfalt, die sicherlich eine Herausforderung für eine Gesellschaft ist, aber auch sehr bereichernd sein kann. Das Elsass ist ein perfektes Beispiel hierfür. So bleibt am Ende des Besuchs vor allem dieser Ausspruch im Gedächtnis und die Hoffnung, dass noch viele Besucher in das Museum kommen und sich dessen Motto zu Herzen nehmen.

- Musée Judéo-Alsacien, 62 a Grand'Rue, 67330 Bouxwiller, Tel. +33 3/88 70 97 17 judaisme.sdv.fr/today/musee
- ÖPNV: Haltestelle Bouxwiller Lycée Schattenmann

Steinreich an Erlebnissen

65 Château Lichtenberg

Die Burg Lichtenberg (Château Lichtenberg) gehört zu den größten und schönsten Burganlagen im Elsass. Im frühen 13. Jahrhundert wurde sie von den Herren von Lichtenberg gegründet. Der Name Lichtenberg stand im Mittelalter für eine der mächtigsten Familien im Unterelsass, deren Herrschaftsgebiet sich auch auf die andere Rheinseite erstreckte. Nach dem Aussterben der Lichtenberger Linie im Jahr 1480 wechselten mehrmals die Besitzverhältnisse. 1678 fiel die Burg an Truppen des französischen Königs Ludwig XIV., der anschließend ihren Umbau im Stil Vaubans zu einer modernen Festung anordnete. Heute dient Burg Lichtenberg als Ort der Erholung und der Kultur. Wechselnde Kunstausstellungen, Vorträge und Vorführungen, Familienveranstaltungen, das Château bietet ein spannendes, vielfältiges Repertoire an Events. Besonders genial: Jedes Jahr Ende Oktober dient die Burganlage als schaurig-schöne Halloween-Kulisse. Achtung vor den Werwölfen! Aber natürlich kann man auch einfach die beeindruckende, umfassend restaurierte Burganlage besichtigen. Die bietet eine bemerkenswerte bauliche Vielfalt. Das ehemalige Wohnhaus vereint Elemente der Gotik sowie der Renaissance und ist mit seinen runden Fenstern in dieser Art einzigartig im Elsass. Heute befindet sich im Untergeschoss die Cafeteria. Aus dem ehemaligen Waffenarsenal des 16. Jahrhunderts ragt eine freitragende, moderne Struktur heraus, die heutzutage als Auditorium dient. Trotz der unterschiedlichen Baustile wirkt die gesamte Burganlage sehr harmonisch. Besonders faszinierend ist die lichtdurchflutete gotische Kapelle mit ihrem wunderschönen reich verzierten Mausoleum. Vom Hauptturm aus bietet sich ein fantastischer Ausblick auf die Wälder der Vogesen. Wer den Aufstieg über die enge Wendeltreppe scheut, kann von der Artillerieterrasse aus ein nicht minder schönes Panorama genießen. Am besten bei strahlendem Sonnenschein und einem gemeinsamen Picknick an einem der bereitgestellten Tische.

- Château Lichtenberg, 67340 Lichtenberg, Tel. + 33 3/88 89 98 72 chateaudelichtenberg.alsace
- ÖPNV: Haltestelle Eglise Lichtenberg, 10 Minuten Fußweg

Magischer Garten

66 Parc de Wesserling

Die Textilindustrie war bis ins 20. Jahrhundert einer der wichtigsten Industriezweige im Elsass. Ein Relikt dieser Zeit ist die ehemalige Textilfabrik in Husseren-Wesserling. Die Mitte des 18. Jahrhunderts gegründete Textilmanufaktur entwickelte sich rasch zu einer der größten Fabriken Frankreichs und produzierte qualitativ hochwertige Stoffe. Ihrem Höhepunkt Ende des 19. Jahrhunderts folgten ein wirtschaftlicher Abstieg und die Schließung im 20. Jahrhundert.
Heute dienen die ehemalige Fabrik und ihr Gelände als Museum und Park. Im Textilmuseum tauchen Besucher in die Geschichte der ehemaligen Fabrik ein und erfahren mithilfe von interaktiven Bildschirmen und anderen Multimediaelementen allerlei spannende Infos über die Arbeitsweise und den Arbeitsalltag in Husseren-Wesserling. Besonders schön: Die kreativen Köpfe des Museums testen immer wieder neue Möglichkeiten aus, verknüpfen Kunst und Industrie. So gab es etwa in der Vergangenheit schon eine Ausstellung zu Jules Verne samt faszinierender, retro-futuristischer Konstruktionen und Lichtinstallationen. Nicht nur Steampunk-Fans, sondern auch Anhänger von Mangas und Videospielen kommen einmal im Jahr auf ihre Kosten, wenn auf dem Gelände ein Cosplayer-Festival steigt.
Das Highlight ist jedoch die herrliche, fantasievoll angelegte Parkanlage. Englischer Park, Gemüsegarten, die mediterranen Terrassen oder Barfußlehrpfad, hier gibt es jede Menge zu entdecken. Zudem wechselt der Park in der Sommersaison immer wieder sein Äußeres, beispielsweise in einen japanischen Garten. Ein Besuch im Park lohnt sich zu jeder Jahreszeit, ob nun zur Ostereiersuche, zum Gemüsegarten-Fest inklusive Verkostung des leckeren, parkeigenen Gemüses oder zum stimmungsvollen Weihnachtspark. Der Parc de Wesserling ist ganzjährig ein äußerst lebendiger, kultureller Ort. Davon zeugen auch die Künstlerateliers und kleinen Geschäfte, in denen Besucher handgefertigte Kunstwerke und lokale landwirtschaftliche Produkte finden.

- Parc de Wesserling, 29 Rue du Parc, 68470 Husseren-Wesserling, Tel. + 33 3/89 38 28 08, parc-wesserling.fr/de
- ÖPNV: Gare de Wesserling Fellering, 10 Minuten Fußweg

Alternatives Wohnen

67

Maisons des Rochers

Schon in der Steinzeit nutzten Menschen Höhlen und Felsvorsprünge als Domizil. In der Neuzeit ist diese Art des Wohnens hingegen eher selten anzutreffen. Eine Ausnahme: die Felsenhäuser in Graufthal. Anfang des 19. Jahrhunderts wurden die drei – heute blau angestrichenen und weithin deutlich sichtbaren – Häuser auf einem Vorsprung direkt in der Felswand errichtet. Schon damals waren sie ein Kuriosum, das neugierige Blicke auf sich zog. Zunächst von Schriftstellern und Künstlern, die sich in der Natur der Nordvogesen einen Kuss der Muse erhofften, und später dann von Touristen.
Auf heutige Besucher machen die authentisch eingerichteten Wohnräume mit ihrer kargen, dennoch liebevoll wirkenden Einrichtung einen eher ärmlichen Eindruck. Damit unterscheiden sich die Felsenhäuser nicht von den damaligen Verhältnissen unten im Dorf. Die Felsenhäuser hatten hingegen den Vorteil, dass man weniger Material und Aufwand für ihren Bau benötigte. Zudem bot die Höhenlage Schutz vor den häufigen Überschwemmungen im Tal. Ein Nachteil war die Feuchtigkeit des porösen Gesteins, die aber durch die Südlage ausgeglichen werden konnte.
Die Männer von Graufthal lebten als Tagelöhner in den Sandsteinbrüchen, als Holzfäller oder Tischler und betrieben nebenbei etwas Landwirtschaft. Die Frauen besserten mit dem Stricken von Kleidung das Familieneinkommen auf. So auch Catherine Ottermann, die letzte Bewohnerin der Maisons des Rochers. In ihrem Zimmer finden Besucher Baby- und Kinderkleidungsstücke. Auch einen auf Deutsch verfassten Brief gibt es hier zu entdecken. Catherine Ottermann war als liebevolle, warmherzige „Felsenkäth“ in der ganzen Region bekannt, empfing Touristen und Journalisten und gab spannende Anekdoten rund um die kuriosen Felsenhäuser und ihre Bewohner zum Besten. Wenn Felsenkäth einmal nicht neue Kleidung strickte, konnte sie auf ihrer Felsenterrasse entspannen. Von hier aus bietet sich ein toller Ausblick auf das Dorf mit seinen beiden Kirchen und auf die bewaldeten Vogesen.

● Maison des Rochers, 22 Rue Principale, 67320 Eschbourg, Tel. +33 3/88 70 19 59
maisondesrochers-graufthal.fr

100 Prozent glutenfrei

68

Boulangerie L'Eden

Das Abenteuer begann am 25. November 2015. An diesem Datum eröffnete in Obernai das L'Eden, die erste einhundertprozentig glutenfreie Bäckerei im Elsass. Kopf hinter dem spannenden Projekt: Janine Strohm, Tochter einer Bäckersfamilie. Das Konzept war nicht nur im Elsass einzigartig, sondern in ganz Frankreich. Janine und ihr Team verzichten bei der Herstellung ihrer delikaten Back- und Konditorwaren komplett auf Gluten. Darüber hinaus bietet das L'Eden kleine, hausgemachte Snacks wie Quiches, Pizza, Sandwiches und Suppen, die Kunden vor Ort in der modernen, gemütlich eingerichteten Teestube genießen können. Insbesondere die hervorragenden Quiches sind empfehlenswert. Sämtliche Produkte werden frisch vor Ort zubereitet, Sandwiches auch nach eigenen Wünschen. Für die Zubereitung nutzt das L'Eden fast ausschließlich Bio- und regionale Produkte. Lediglich wenige Zutaten wie beispielsweise das glutenfreie Mehl aus einem Pariser Betrieb stammen nicht aus der Region.

Die Kunden im L'Eden teilen sich vor allem in drei Kategorien: solche mit Glutenunverträglichkeit, Menschen, die bewusst auf Gluten oder den Konsum des heutzutage in Übermaßen eingesetzten Weizenproteins verzichten wollen und Interessierte, die einfach einmal glutenfreie Backwaren probieren möchten. Auffällig viele deutsche Kunden finden den Weg ins L'Eden. Janine Strohm wechselt daher ständig zwischen Französisch und Deutsch, immer mit einem Lächeln im Gesicht. Neben den angebotenen qualitativ hochwertigen Produkten macht gerade diese Warmherzigkeit einen Besuch im L'Eden zu einem schönen Erlebnis. Man merkt einfach, dass Janine Strohm und ihr junges Team lieben, was sie machen, und zu 100 Prozent hinter ihrem Projekt stehen. So verwundert es auch nicht, dass ständig neue Gesichter im L'Eden auftauchen. Stress kommt aber niemals auf. Den lächelt Janine Strohm einfach weg.

TIPP

Seit November 2016 gibt es eine Filiale des L'Eden in Strasbourg, 15 Place du Temple Neuf.

- Boulangerie L'Eden, 2 Rue Dietrich, 67210 Obernai, Tel. +33 3/88 97 24 80 boulangerie-eden.com
- ÖPNV: Gare d´Obernai, 10 Minuten Fußweg

Das elsässische Versailles

69

Château des Rohan

Elsässisches Versailles. So nennen die Einwohner von Saverne (Zabern) das architektonische Prunkstück ihrer Stadt, das zwischen 1780 bis 1790 erbaute Château des Rohan. Besonders beeindruckend ist die zum Canal de la Marne au Rhin (Rhein-Marne-Kanal) orientierte 140 Meter breite Nordfassade aus rotem Sandstein, die aus einem Mittelrisaliten mit Säulengang und zwei Seitenrisaliten besteht. In seiner langen Geschichte beherbergte das Schloss unter anderem Kriegswitwen sowie deutsche und französische Soldaten. Heute sind in dem klassizistischen Gebäude eine Jugendherberge, eine Schule, das Kulturzentrum Espace Rohan und ein Stadtmuseum untergebracht. Letzteres erreichen Besucher auf der gegenüberliegenden, der Altstadt zugewandten Schlossseite in der zweiten Etage.
Religiöse Kunst, stadtgeschichtliche Exponate, Gemälde lokaler Künstler, das Museum enthält einige sehenswerte Ausstellungsstücke. Das Highlight des Museums ist aber eine Ausstellung, die sich einer bemerkenswerten Frau widmet: Louise Weiss. Als Kind einer gutbürgerlichen Familie studierte Louise Weiss gegen den Willen ihrer Eltern und wurde Lehrerin für Geisteswissenschaften. Stark geprägt vom Ersten Weltkrieg gründete die junge Frau 1918 die politische Zeitung L'Europe Nouvelle, die sich inhaltlich an die internationalen Führungsschichten wandte. Ihr Ziel: eine deutsch-französische Annäherung und die europäische Einigung, um einen neuen Krieg in Europa zu verhindern. Das Museum zeigt zahlreiche Exponate aus Louise Weiss' Leben. Möbel, Gemälde, Zeichnungen, Fotos, Zeitungssauschnitte und audiovisuelle Präsentationen lassen die Besucher in das bewegte Leben einer Frau eintauchen, die für das Frauenwahlrecht in Frankreich kämpfte, sich während der Besatzungszeit der Résistance anschloss und nach dem Zweiten Weltkrieg jahrzehntelang als Reporterin und Dokumentarfilmerin weite Teile der Welt bereiste. 1979 schloss sich schließlich der Kreis, als die überzeugte Europäerin als Abgeordnete in das Europaparlament einzog.

- Château des Rohan, Place du Général de Gaulle, 67700 Saverne, Tel. +33 3/88 91 80 47, tourisme-saverne.fr
- ÖPNV: Gare de Saverne, 10 Minuten Fußweg

Leichtigkeit des Seins

70 Jardin des Papillons

Zitronenfalter, Kleiner Fuchs, Tagpfauenauge, schon die Namen wecken wohlige Assoziationen. Schmetterlinge lösen bei den meisten Menschen positive Gefühle aus. Mit ihren bunten Ornamenten sehen die zarten Falter wie schwebende Kunstwerke aus. Im Jardin des Papillons dürfen Besucher diese kleinen, lebendigen Meisterwerke bewundern – inklusive Mittendrin-Faktor.

Der Jardin des Papillons in Hunawihr (Hunaweier) hat es sich zur Aufgabe gemacht, Menschen für die Fragilität der Schmetterlinge und ihre Bedeutung für das Ökosystem zu sensibilisieren. Als Fremdbestäuber von Pflanzen nehmen sie eine lebenswichtige Rolle in der Natur ein. Diese und noch viele weitere spannende Infos vermittelt ein rund zehnminütiger Film, den sich Besucher zur Einstimmung anschauen können. Danach geht es ins Gewächshaus, wo tropisch-warme Temperaturen und eine hohe Luftfeuchtigkeit herrschen. Die fliegenden Bewohner stammen nämlich allesamt aus Asien, Afrika und Amerika. Dort wachsen sie in Zuchtstationen heran. Sobald sie das Puppenstadium erreicht haben, geht es auf die große Reise, unter anderem auch nach Hunawihr.

Schmetterlinge in allen Formen und Größen fliegen durch ein blühendes Meer aus Hibiskus, Pentas und Wandelröschen. Engelsgleich schweben die kleinen, zerbrechlich wirkenden Wesen durch die Luft, vermitteln beim staunenden Betrachter ein wohliges Gefühl von Leichtigkeit und Freiheit. Als Nahrungs- und Ruheorte bevorzugen die Schmetterlinge zwar die umstehenden Pflanzen. Doch auch so mancher Besucher dient als Landeplattform, wenn die farbenprächtigen Falter sich eine Ruhepause auf Kopf, Arm oder Bein gönnen. Ein tolles Erlebnis! Wer etwas Ruhe sucht, der sollte auf der Bank im hinteren Bereich des Gewächshauses Platz nehmen und die entspannende, bunte Szenerie einfach auf sich wirken lassen.

- Jardin des Papillons, Route de Ribeauvillé, 68150 Hunawihr, Tel. +33 3/89 73 33 33 jardinsdespapillons.fr/de
- ÖPNV: Haltestelle Hunawihr Route de Ribeauvillé, 5 Minuten Fußweg

Reise ins Innere der Erde

71 Tellure Parc Minier

Warm anziehen! Das gilt im Tellure Parc Minier das ganze Jahr über. Der moderne, auf einer ehemaligen Silbermine erbaute Komplex bietet Besuchern die Möglichkeit, in unterirdische Bergwelten einzutauchen. Das Abenteuer beginnt in der Umkleide. Mit Regenponcho, Helm und Stirnlampe ausgerüstet, macht sich die Gruppe zusammen mit einer Mitarbeiterin des Parks auf den Weg. Die junge Dame von der Kasse wünscht noch viel Spaß und schiebt mit einem Lächeln ein „Wir sehen uns später wieder – vielleicht" hinterher. Natürlich weiß sie, dass manchen Besuchern etwas mulmig zumute ist. Doch heute ist der Gang in die Bergwerke im Gegensatz zu früheren Zeiten risikolos. Die Gruppe kann deshalb auf den Schutz der heiligen Barbara verzichten, deren kleine Statue in einer Nische am Eingang steht.

In der Mine herrschen ganzjährig rund 10 Grad. Es ist feucht und dunkel. Dennoch hat die gesamte Gruppe viel Spaß. Im kärglichen Schein der Stirnlampe wirkt die gesamte Szenerie wie eine andere Welt, eine Auszeit von dem Leben da oben. Das weckt die Abenteuerlust. Während der Tour vermittelt die Tourbegleiterin viele faszinierende Infos über das Bergwerk.

Die Gruppe zwängt sich wie die Bergleute des 16. Jahrhunderts durch enge Gänge, sammelt sich danach wieder und lauscht den Ausführungen. So erfährt man etwa, dass die Bergleute anhand der oberirdischen Vegetation erkannten, wo sich eine Mineralienader befand. Die kann unsere Gruppe nun aus nächster Nähe bestaunen. Aber was ist das? Plötzlich schimmert es an der Decke, zieht sich deutlich eine gelbgoldene Linie durch das Gestein. Der Vorfreude auf den unerwarteten Reichtum folgt die Ernüchterung. Es handelt sich um Katzengold.

Nach rund einer Stunde ist die spannende Exkursion vorbei. Alle kehren gesund an die Oberfläche zurück und unterhalten sich angeregt über das Erlebte. Dann trennt sich die Gruppe. Einige stärken sich im hauseigenen Bistro, andere besuchen das Museum mit Exponaten, Panoramakino und optischem Theater.

● Tellure Parc Minier, Lieu-Dit Tellure, 68160 Sainte-Marie-aux-Mines, Tel. + 33 3/89 49 98 30, tellure.fr/de

Wo alles zusammenkommt

72 Place de la Réunion

Manchmal braucht es keinen Plan. Kein Ziel, kein Ticket, keine Öffnungszeiten. Nur einen Platz, einen freien Stuhl, einen Moment zum Verweilen. Und genau das bietet der Place de la Réunion im Herzen von Mulhouse.

Es ist der zentrale Platz der Innenstadt – ein offener, einladender und lebendiger Ort. Hier treffen Renaissancefassaden auf moderne Ladenzeilen, Caféterrassen auf das Hauptportal der Stephanskirche (Temple Saint-Étienne). Kinder drehen eine Runde auf dem kleinen Sisi-Karussell oder rennen lachend über den Platz. Menschen sitzen auf den Stühlen der Café-Außenterrasse, trinken Kaffee, unterhalten sich, lesen in einem Buch. Andere schlendern mit Einkaufstaschen vorbei in Richtung Passage de la Réunion oder zur Pâtisserie Jacques. Auf den Treppenstufen der Kirche sitzt jemand mit Kopfhörern, lauscht seiner Musik, den Blick auf den Himmel gerichtet. Ein Hochzeitspaar, das gerade im Alten Rathaussaal des Hôtel de Ville geheiratet hat, posiert für ein Foto vor dem Brunnen, während Touristen stehen bleiben, schauen – und lächeln.

TIPP

Der Eintritt in das sehenswerte Musée Historique ist gratis.

Zwischen all dem erhebt sich die protestantische Kirche Saint-Étienne mit ihrem schlanken und weithin sichtbaren Turm. Direkt daneben liegt im Hôtel de Ville das Musée Historique (Historisches Museum). Wer es betritt, entdeckt originale Möbel, Stadtansichten, Zunftzeichen und Alltagsgegenstände aus mehreren Jahrhunderten elsässischen Lebens – Objekte von Menschen, die längst gegangen sind. Ein stiller Ort, der Vergangenheit greifbar macht – und sich zugleich ganz selbstverständlich in das lebendige Treiben des Platzes einfügt.

Die Place de la Réunion lebt von ihrer Vielfalt. Sie ist Bühne, (Weihnachts-)Markt, Treffpunkt und Ruhepol zugleich – je nach Blickwinkel. Mal laut, mal leise. Und immer offen. Ein städtisches Wohnzimmer, durch das das Leben fließt. Und manchmal reicht es, einfach da zu sein.

- Place de la Réunion, 68100 Mulhouse
- ÖPNV: Haltestelle Mulhouse République, 6 Minuten Fußweg

Kleines Dorf – große Marken

73

The Style Outlets

Wer auf der Höhe des badischen Iffezheim mit dem Auto über den Rhein fährt, sieht unmittelbar nach der Brücke auf der rechten Seite ein kleines Dorf. Von morgens bis abends herrscht dort reges Treiben. Nachts dagegen ist es still. Dann ziehen nur noch einige Wächter in dem von einer Stadtmauer geschützten Dorf ihre einsamen Kreise. Bewohner hat der kleine Ort nämlich keine. Warum? Bei dem Dorf handelt es sich um ein Outlet, eine Ansammlung von 107 Ladengeschäften auf 27.000 Quadratmetern.

Outlets sind oftmals ziemlich unsexy und trist. Nicht so The Style Outlets. Das Outlet-Center ist einem elsässischen Fachwerkdorf nachempfunden. Besucher schlendern vorbei an pittoresken Häusern, begrünten Plätzen und Springbrunnen. Das Konzept des Dorfs entspricht dem klassischen Outlet-Prinzip. Das Angebot der Ladengeschäfte umfasst saisonal auslaufende Kollektionen bekannter Markenhersteller. Entsprechend gibt es viele Angebote und reduzierte Preise. Rund 90 Prozent der Geschäfte sind Modeboutiquen. Das macht das Outlet besonders attraktiv für alle, die gezielt nach Kleidung suchen: Adidas, Nike, Desigual, Tommy Hilfiger, Levi's, Jack Wolfskin, Geox, viele hochwertige Marken haben hier ihre eigenen Shops. Zudem punktet The Style Outlets mit seinem Service – von einer Ladestation für elektrische Fahrzeuge über den Verleih von Regenschirmen, kostenlosen Shuttle-Bussen, gratis WLAN bis hin zu einem Tourismusbüro.

Was auch positiv auffällt: Die Mitarbeiter in den Boutiquen sind durchgehend professionell, sehr freundlich, sprechen Französisch und Deutsch. Rund zwei Drittel der Kunden kommen aus dem benachbarten Deutschland. Schon immer hat der Handel Grenzen abgebaut und Menschen zusammengeführt. So kann auch ein Outlet-Center zu einer Begegnungsstätte zwischen Franzosen und Deutschen werden.

TIPP

Wie beim Bummel durch eine Innenstadt gilt auch hier: am besten wochentags vorbeischauen.

- The Style Outlets, 1 Route de L'Europe, 67480 Roppenheim, Tel. +33 3/88 72 77 17 roppenheim.thestyleoutlets.fr/de
- ÖPNV: Haltestelle Roppenheim Village de Marques

KARL LAGERFELD

Beruhigendes Schauspiel

74

Écluse de Kembs-Niffer

Der schweizerisch-französische Architekt Le Corbusier gehörte zu den einflussreichsten Baumeistern des 20. Jahrhunderts. 17 seiner Gebäude gehören gar zum UNESCO-Welterbe. Zu den weniger bekannten Bauten des Stararchitekten zählt der ehemalige Kontrollturm an der Schleuse Kembs-Niffer (Écluse de Kembs-Niffer), der aus zwei diagonal übereinanderliegenden Würfeln, einer Außentreppe sowie einem Aussichtsturm besteht. Wie von Le Corbusier gewohnt, dominieren Sichtbeton und Glas als Baumaterialien. Über die Ästhetik des Bauwerks lässt sich sicherlich diskutieren. Schon zu Lebzeiten waren die Bauten des Verfechters des Brutalismus umstritten.

1995 verlor der Kontrollturm seine Bedeutung, als 500 Meter nördlich eine neue Schleuse für größere Schiffe errichtet wurde. Doch auch deren Kontrollturm – ein Beton- und Glaskörper, der an ein umgedrehtes Schiff erinnert – steht ganz in der architektonischen Tradition von Le Corbusier. Neben der Architektur hat diese markante Verbindungsstelle zwischen dem Canal du Rhône au Rhin (Rhein-Rhône-Kanal) und dem Grand Canal d'Alsace (Rheinseitenkanal) noch einiges mehr zu bieten. Hier lassen sich eindrucksvolle, oft über 100 Meter lange Gütermotorschiffe bestaunen: Einfahrt in die Schleuse, die Tore schließen sich, der Wasserstand und das Schiff heben sich, die Tore öffnen sich, und das Schiff setzt seine Reise fort. Es hat etwas ungemein Beruhigendes, diesem Prozess zuzuschauen. Und es ist immer wieder erstaunlich, mit welcher Präzision die Kapitäne ihre tonnenschweren Kolosse durch die enge Schleuse manövrieren.

An der Écluse de Kembs-Niffer ist man selten allein. Der Weg entlang des Kanals ist bei Fahrradfahrern wie bei Spaziergängern sehr beliebt. Bisweilen sind auch einige Angler zu sehen – stets in der Hoffnung auf ein erfolgreiches „Petri Heil". In den Nebengewässern tummeln sich Schwäne, Enten und andere Vögel neben Bisams, die ihre Staudämme errichten. Insbesondere im Frühjahr, wenn sich nicht nur Schiffe, sondern auch Schwalben an den für sie errichteten Häusern beobachten lassen, ist dieser Ort eine wahre Kraftoase.

- Écluse de Kembs-Niffer, 12 Rue de Schlierbach, 68680 Niffer
- ÖPNV: Haltestelle Niffer Mairie, 5 Minuten Fußweg

Ein tierisches Vergnügen

75 Parc Zoologique & Botanique de Mulhouse

Der zoologisch-botanische Garten in Mulhouse (Mülhausen) gehört zu den ältesten Zoos in Frankreich. 1868 gründete die städtische Industriegesellschaft den Park, der ausdrücklich auch der Arbeiterklasse offenstand. Bei den ersten Bewohnern handelte es sich um Hirsche, Kängurus und Vögel. Der Park war nicht nur dazu gedacht, die Tiere zu beobachten und sich bei einem Spaziergang zu erholen, sondern war auch ein Ort für Konzerte und körperliche Betätigung – etwa durch Gymnastikübungen im Freien, wie sie damals beliebt waren.

Heute leben im Zoo Mulhouse rund 1200 Tiere aus etwa 170 Arten. Hier gibt es ständig etwas zu entdecken – mal quirlig, mal ganz still, aber immer faszinierend. Pinguine tollen in ihrem Becken umher, Wölfe durchstreifen aufmerksam ihr Revier, Schildkröten wärmen sich auf sonnigen Steinen und Eisbären tauchen an heißen Tagen elegant durchs Wasser. Ein besonderes Highlight ist das Afrika-Areal „Horizon Afrique". Auf 1,5 Hektar Fläche erleben Besucher verschiedene afrikanische Ökosysteme – von der Savanne bis zum tropischen Regenwald. In modernen, naturnah gestalteten Anlagen leben unter anderem Giraffen, Flusspferde, Krokodile, Reptilien und Amphibien.

Was den Zoo in Mulhouse so besonders macht, ist aber auch seine landschaftliche Schönheit. Über 3500 Pflanzenarten, darunter beeindruckende Bäume aus aller Welt – einige noch aus der Gründungszeit – schaffen ein grünes, ruhiges Umfeld. Trotz aller Modernisierungen hat sich der Park seinen historischen Charme bewahrt: Skulpturen und Gebäude erinnern an das 19. Jahrhundert, insbesondere der Bereich rund um das Fachwerksgebäude des Restaurants. Dank des weitläufigen Geländes mit vielen Nebenwegen findet man auch an gut besuchten Wochenendtagen immer ruhige Ecken. Für Familien gibt es zudem einen Streichelzoo und einen Spielplatz. Ein Ort zum Lernen, Staunen und Entspannen – mitten in Mulhouse.

- Parc Zoologique & Botanique de Mulhouse, 111 Avenue de la 1ère Division Blindée, 68100 Mulhouse, Tel. +33 3/69 77 65 65
zoo-mulhouse.com/de/empfang
- ÖPNV: Haltestelle Zoo Mulhouse

Leidenschaftliche Liebe

76 Goethe-Ort Sessenheim

„Ich sah dich, und die milde Freude floß aus dem süßen Blick auf mich. Ganz war mein Herz an deiner Seite und jeder Atemzug für dich", heißt es leidenschaftlich in „Willkommen und Abschied", einem der berühmtesten Gedichte von Johann Wolfang von Goethe. 1770 ging der 21-jährige Goethe ins Elsass und setzte auf Wunsch seines Vaters sein Studium an der Universität Straßburg fort. Zusammen mit seinem elsässischen Freund Friedrich Leopold Weyland unternahm Goethe immer wieder Ausflüge in die Umgebung. Dabei lernte er in Sessenheim die 18-jährige Pfarrerstochter Friederike Brion kennen. Der jungen Frau mit den „blonden Zöpfen" und „den heiteren blauen Augen" war Goethe sofort verfallen. In den folgenden Monaten verbrachte er mehr Zeit bei Friederike als beim Studium in Straßburg.

Heute zeugen in Sessenheim noch allerlei Spuren von der intensiven Liebe. Am besten begibt man sich mit einer Ausgabe der „Sesenheimer Lieder" auf Entdeckungsreise und gönnt sich zwischendurch immer wieder Literaturpausen, um in Goethes Gedankenwelt einzutauchen und diesen Sehnsuchtsort vollständig zu erfassen. Ein guter Startpunkt ist die Ortsmitte mit der École Frédérique Brion. Von hier aus erreicht man in wenigen Minuten in der Rue Frédérique Brion das Goethe Memorial, eine faszinierende Mischung aus Tempel und elsässischem Fachwerk. Gegenüber befindet sich die Scheune des Pfarrhauses, in der sich Goethe regelmäßig mit den jungen Leuten des Ortes und seiner geliebten Friederike traf und ihr 1771 für immer Lebewohl sagte. Ein anderer Ort, an dem sich die beiden laut Goethes Angabe in „Dichtung und Wahrheit" häufig trafen, ist der Goethehügel in der Rue Goethe in Richtung des Nachbarorts Stattmatten. Auf keinen Fall verpassen sollte man einen Besuch im Restaurant Auberge au Boeuf. Hier ist ein sympathisches kleines Goethe-Museum mit Büchern, Schriften, Skulpturen und Bildern untergebracht. Bei der Gelegenheit lohnt es sich auch, die exzellente, gehobene französische Küche des Restaurants zu probieren.

- Goethe-Ort Sessenheim, Place de la Mairie, 67770 Sessenheim
- ÖPNV: Gare de Sessenheim, 5 Minuten Fußweg

Ecole Frédérique BRION

Der Götterberg

77

Temple du Donon

Der Donon ist mit seinen 1009 Metern eine der höchsten Erhebungen in den nördlichen Vogesen und ein prägendes Merkmal der Landschaft. Schon vor Jahrtausenden übte der Berg eine Faszination auf die Menschen in seiner Umgebung aus. In der Jungsteinzeit diente er als temporäre Unterkunft. Die Kelten nutzten den Donon als Kultstätte, unter anderem für Teutates und Vosegus, dem Namenspatron der Vogesen. Nach der Eroberung Galliens entstand auf dem Donon eine römische Kultstätte. Während der Christianisierung der Region verfiel die Tempelanlage und geriet viele Jahrhunderte in Vergessenheit.

Für den Aufstieg zu diesem außergewöhnlichen Ort empfehlen sich feste Schuhe und etwas Kondition. Denn der steile Weg führt immer wieder über Geröll, aber auch durch wohl duftende Nadelwälder und vorbei an menschlichen Spuren. Einige sind neueren Datums wie eine eigens für Kaiser Wilhelm II. im Ersten Weltkrieg errichtete steinerne Treppe oder die von Wanderern aufgetürmten Steinmännchen. Andere, wie ein mit runden Einbuchtungen versehener Felsen, der vermutlich keltischen Kulthandlungen diente, sind deutlich älteren Datums.

Oben angekommen, kann man es sich auf einer der Holzliegen bequem machen und die Energie dieses Ortes auf sich wirken lassen. Wer hier wohl schon alles vor Tausenden Jahren auf diesem besonderen Flecken Erde gewandelt ist! Unter anderem zeugen hiervon die Grundmauern eines Tempels, Kopien von römischen Votivstelen (die Originale befinden sich im Archäologischen Museum in Straßburg) und ein ritueller Brunnen. Nach einigen weiteren Höhenmetern ist schließlich der Gipfel erreicht. Hier oben thront der Temple du Donon, ein im Jahr 1869 errichteter Tempel im gallorömischen Stil. Von ihm aus bietet sich eine wunderbare Rundumsicht auf die Vogesen. Unzählige Menschen haben diesen herrlichen Ausblick bereits genossen und sich auf den Felsen des Plateaus mit ihrem Namen verewigt. Oder einfach nur ein Spielbrett für „Mühle“ eingeritzt, um sich die Zeit zu vertreiben.

● Temple du Donon, Parking du Sentier des Bunkers, 67130 Grandfontaine

MUSEE

Sinnlicher Schokoladengenuss

78 Chocolatier Jacques Bockel

Ein Palast aus Schokolade! Nun ja, nicht ganz. Die Fassade des Gebäudes hat lediglich die Form einer Schokoladentafel. Herr dieses Palastes ist Jacques Bockel. Der Chocolatier hatte Mitte der Achtzigerjahre zwar keine Ausbildung, dafür aber eine Leidenschaft für Schokolade. Und die Überzeugung, dass es bei der Kreation von Schokolade generell an Originalität und neuen Ideen mangelt. Nach einem Praktikum bei einem Chocolatier in Valencia brachte sich der Autodidakt alles Wissenswerte selbst bei, bereiste die Welt auf der Suche nach dem besten Kakao und legte schließlich los. Schnell erarbeitete er sich mit seiner qualitativ hochwertigen Schokolade und seinen originellen Kreationen einen hervorragenden Ruf.

Wer die Boutique in Monswiller oder eine der anderen elsässischen Filialen betritt, staunt angesichts der Auswahl unterschiedlichster Schokoladenkreationen und Geschmacksrichtungen. Störche, Einhörner, Autos, Tennisschläger, Damenschuhe, Gamecontroller, Werkzeugkästen, es scheint zu nahezu jedem Thema köstliche Nachbildungen in Schokoladenform zu geben. Ideal für Menschen, die ein Geschenk für einen besonderen Anlass suchen. Eine von Jacques Bockels erfolgreichsten Kreationen ist in doppeltem Sinn ein Genuss. Das „Kamasutra" beinhaltet acht Tafeln dunkler Schokolade mit erotischen Abbildungen. Besonders großer Beliebtheit erfreut sich Nut'Alsace, eine traumhafte Haselnusscreme, die im Gegensatz zu bekannten Marken ohne Palmöl auskommt. Das schmeckt lecker und ist prima für die Umwelt. Ökologisch sinnvoll und eine tolle Idee sind auch die Schokoladenfontänen in den Jacques-Bockel-Filialen. Dort können Kunden ihre leeren Nut'Alsace-Gläser einfach wieder auffüllen. Wer sich selbst einmal als Chocolatier versuchen möchte, sollte das Hauptquartier in Monswiller besuchen. Dort kann man sonntags im Rahmen der Veranstaltung „Choc'Artiste" gegen einen geringen Unkostenbeitrag seine eigene Schokoladentafel oder -figur herstellen. Und natürlich hinterher vernaschen.

TIPP

Es gibt Filialen in Strasbourg, Colmar und Mulhouse.

● Chocolatier Jacques Bockel, 16 Rue des Rustauds, 67700 Monswiller, Tel. +33 3/88 91 29 49, planet-chocolate.com

Joyeuses Pâques
Jacques Bockel
9,60€
14,10€
17€
27,00€

Geist und Materie

79 Musée Lalique

Frauen, Fauna und Flora. Mit diesen drei Begriffen lassen sich die Inspirationsquellen von René Lalique, einem der berühmtesten Schmuck- und Glasdesigner des Art déco und des Art nouveau, am besten beschreiben. Ein Teil seiner Kreationen lässt sich im Musée Lalique in Wingen-Sur-Moder bestaunen.
Nach einer mehrjährigen Juwelierausbildung in Paris und London entschloss sich René Lalique 1884, eine eigene Firma zu eröffnen und Schmuck zu kreieren. Entgegen damaliger Konventionen legte er keinen großen Wert auf kostbare Bestandteile wie Perlen, Gold und Edelsteine. Für ihn stand der künstlerische Aspekt im Vordergrund. „Der Geist lässt die Materie hinter sich“, sagte René Lalique hierzu einmal. Stattdessen nutzte der Künstler häufig auch relativ billige Werkstoffe. Bei der intellektuellen Elite kam der avantgardistische Schmuck hervorragend an. Nachdem René Lalique auf der Weltausstellung im Jahr 1900 seinen künstlerischen Höhepunkt erreicht hatte, startete er eine zweite Karriere als Glasdesigner. Im Zentrum seines Schaffens standen zunächst hauptsächlich Parfümflakons, später dann Tafelglas.
Das Museum präsentiert rund 650 Ausstellungsstücke, überwiegend von René Lalique, aber auch Kreationen seiner Nachkommen. Die chronologisch und thematisch aufgebauten Sammlungen reichen von Art-nouveau-Schmuckstücken über Art-déco-Glas bis zu heutigem Kristallglas. Die Schmuckstücke zeichnen sich durch Originalität und Eleganz aus, vermischen verschiedene Einflüsse und Formen zu einem individuellen Meisterwerk. Sie wirken bisweilen wie eine Hommage an den weiblichen Körper. Kein Wunder, dass Menschen wie die Schauspielerin Sarah Bernhardt ganz verrückt nach Schmuck aus dem Hause Lalique waren. Beeindruckend sind auch die Parfumflakons mit ihrem imposanten Kopfschmuck. Das Tafelglas besticht durch Klarheit und Symmetrie. Und immer wieder im Fokus: Frauen, Fauna und Flora – in Glas gegossene Poesie. Für Liebhaber des Art nouveau und Art déco ist das Musée Lalique ein echtes Juwel.

- Musée Lalique, 40 Rue du Hochberg, 67290 Wingen-sur-Moder, Tel. + 33 3/88 89 08 14, musee-lalique.com/de
- ÖPNV: Gare Wingen-Sur-Moder, 2 Kilometer Fußweg

Mediterranes Feeling

80

Die drei Burgen von Ribeauvillé

Von 1038 bis 1637 herrschte in und um Ribeauvillé (Rappoltsweiler) das elsässische Adelsgeschlecht der Rappoltsteiner. Sichtbares Zeichen ihrer einstigen Macht sind die drei über Ribeauvillé thronenden Burgen Ulrichsburg (Château de Saint-Ulrich), Girsberg (Château du Girsberg) und Hohrappoltstein (Château du Haut-Ribeaupierre). Die älteste von ihnen, die Ulrichsburg, ist bereits vom Zentrum in Ribeauvillé aus sehr gut sichtbar. In der Grand'Rue, der Hauptstraße, schlendert man Richtung Nordwesten vorbei an Fachwerkhäusern, Weinkellern und Restaurants. Hinweisschilder weisen den Weg über den Hagelpfad zur Ulrichsburg in 510 Metern Höhe. Lohnenswerter ist allerdings der längere und etwas beschwerlichere Weg weiter östlich über den Lutzelbachweg. Hier ist es für gewöhnlich sehr viel ruhiger. Ribeauvillé ist insbesondere im Sommer ziemlich „überlaufen". Die landschaftlich attraktive Wanderung führt durch den Wald und vorbei an einem mystischen Felsen, dem sogenannten Schlüsselstein.
Wanderer, die den östlichen Weg nehmen, erreichen zunächst die auf einem Felsvorsprung gelegene Burg Girsberg mit ihrem eindrucksvollen fünfeckigen Bergfried. Von hier aus bietet sich ein toller Blick auf die Ulrichsburg. Auf dem Weg dorthin sollte man unbedingt in der lang gezogenen Kurve innenhalten und den Moment genießen. Die Aussicht bietet einen wunderschönen Blick auf Girsberg, Ulrichsburg und Ribeauvillé. Im Sommer duften hier die umstehenden Kiefern so herrlich, dass man sich beinahe im Mittelmeerraum glaubt. Die am besten erhaltene aller dreier Ruinen ist die Ulrichsburg. Besonders sehenswert sind der Rittersaal mit seinen romanischen Fensterbögen und natürlich der Bergfried, von dem man einen wundervollen Rundumblick hat. Sportlich Veranlagte steigen noch zur Hohrappoltstein auf. Für den Rückweg empfiehlt sich der Hagelpfad. Auf diese Weise hat man beim Abstieg stets das pittoreske Ribeauvillé im Blick.

- Die drei Burgen von Ribeauvillé, 68150 Ribeauvillé
- ÖPNV: Gare de Colmar, Haltestelle Ribeauvillé Gare Routière

Für Laetitia

Merci beaucoup, mon amour

Vielen Dank für ihre Unterstützung an:
Marie und Frédéric Robert sowie Sébastien Romani für hilfreiche Tipps,
meine Ehefrau sowie meine Kinder Sophie und Éric für ihre Reisebegleitung,
Antje Kluth, die Lektorin dieses Buches, für ihren wertvollen Beitrag.

3., aktualisierte Auflage 2025

Konzeption/Satz: Droste Verlag, Düsseldorf
Einbandgestaltung und Illustrationen: Britta Rungwerth, Düsseldorf, unter Verwendung von Bildern von © Fotolia.com: jd – photodesign.de; © iStock: Plociennik Robert
Fotos: Stephan Petersen, außer:
Les Dominicains de Haute-Alsace: S. 19; stock.adobe.com: S. 29 (photlook), S. 51 (Yvann K), S. 63 (Christian Bieri), S. 69 (Thierry Lubar), S. 77 (ifeelstock), S. 129 (simonwhitehurst)

FSC www.fsc.org MIX Papier | Fördert gute Waldnutzung FSC® C011279

Druck und Bindung: LUC GmbH, Greven
ISBN 978-3-7700-2518-3

droste-verlag.de